엄마가 된 다음에 시작하는

# 좋은 엄마 연습

엄마가 된 다음에 시작하는

# 좋은 엄마 연습

**초판 1쇄 펴냄**  2007년  3월 10일
**초판 5쇄 펴냄**  2012년 12월 27일

**지은이**  송선희
**펴낸이**  김선영
**펴낸곳**  책으로여는세상

**출판등록**  제2012-000002호
**주소**  (우)476-912 경기도 양평군 강상면 교평리 60-5
**전화**  070-4222-9917 | **팩스**  0505-917-9917 | **E-mail**  dkahn21@daum.net

ISBN 978-89-958770-1-2(13370)
ⓒ송선희 2007

## 책으로여는세상

좋·은·책·이·좋·은·세·상·을·열·어·갑·니·다

엄마가 된 다음에 시작하는

# 좋은 엄마 연습

송선희 교육학 박사

책으로여는세상

엄마라는 자리는 참 이상합니다

아무 연습도 없이 실전에 임해야 하는 자리지요

단순한 기계 덩어리에 불과한 자동차를 운전하려고 해도

의무적으로 몇 주 동안은 교육을 받고 연습도 해야 하는데

엄마가 되는 데는 사전 연습이 없습니다

아이는 자동차보다 훨씬 더 복잡하고 정교한데도 말입니다


아이를 낳고 나면, 이미 엄마가 되어 있습니다

아무 연습도 하지 않았는데

무조건 좋은 엄마가 되어야만 하는 자리에 서 있습니다

그래서 아이와 부딪히는 '실전'을 통해

좋은 엄마를 연습할 수밖에 없습니다


그 과정에서 아이에게 상처가 되는 말들을 수도 없이 내뱉고

아이의 말을 잘라버리고 내 맘대로 해버리는 실수를 되풀이합니다

때로는 내 안의 해결되지 않은 상처 때문에

아이를 더 아프게 할 때도 있습니다

아무런 효과가 없다는 것을 알면서도

매를 들거나 소리를 질러서 아이와의 갈등 상황을

빨리 끝내버리고 싶은 유혹을 이겨내지 못할 때도 많습니다


혼자 안 되겠다 싶으면 자녀 교육서들을 읽어보기도 합니다

하지만 책에 나온 엄마들은 한결같이 교양 있고 우아하기만 합니다

아이에게 소리 지르는 법도, 아이에게 신경질을 내는 일도 없습니다

아이와 조근조근 이야기도 잘하고, 아이 마음도 잘 알아줍니다

나와는 너무 다른 모습에, 자꾸만 내가 더 작게 느껴집니다


나 같은 엄마들은 없는 걸까?

답답한 마음이 들었습니다

처음부터 좋은 엄마는 아니지만, 솔직히 많이 서툰 엄마지만

조금씩 조금씩 좋은 엄마가 되어 가는 엄마들이 그리웠습니다


나처럼 매일 매를 들고 싶은 유혹과 씨름을 하고

육아가 힘들다고 누군가에게 투정하고 싶은 엄마들

과연 잘하고 있는 건지 누군가에게 확인받고 싶은 불안한 엄마들과 함께

나의 좌충우돌 '좋은 엄마 연습'을 나누고 싶습니다

글을 쓰고 있으면, 큰아이가 와서 말합니다

"그때는 운 이유가 그게 아니고 다른 이유였잖아요

엄마는 벌써 잊었어요?"

이 책에는 아이의 손길이 가득합니다


오늘 아침에도 잘 일어나지 않는 큰아이를 달래다가

결국에는 소리를 지르고서야 학교에 보냅니다

그렇게 작은 전쟁으로 하루를 시작하며 생각합니다

하루가 시작이구나. 나에게 주어진 오늘을 즐기리라

이런 속상함과 화남도 나와 소중한 내 아이가 함께 있기에

느낄 수 있는 감정이니 감사히 받아들이자


좋은 엄마가 되려면 아직도 더 많은 연습이 필요합니다

그래도 우리 아이들 가슴 속에

'조금씩 더 좋은 엄마로 변해가는 엄마' 로 남고 싶기에

오늘도 내 마음을 살피고 헛된 욕심과 이기심을 내려놓습니다


2007년 2월 8일

한강이 내려다보이는 상담실 '휴(休)' 에서

# 차례

## 1 아이에 대한 엄마의 생각을 바꾸는 연습

# 아이의 말과 행동, 마음에 공감하는 소통 연습



# 아이와 함께 행복하고 평화롭게 살아가는 연습

# 아이에 대한 엄마의 생각을 바꾸는 연습

예전에는 내가 원하는 대로 아이를 끌고 가려고 했는데, 이제는 아이가 원하는 것을 스스로 할 수 있도록 기회를 주는 편이다. 그러다보니 아이가 언제 재미있어 하고 즐거워하는지, 언제 지겨워하고 재미없어 하는지 관심 있게 관찰하게 되었다.

# 아이와 갈등을 겪을 때마다
# 아이와의 첫만남을 생각하라

오랜 기다림 끝에 첫아이 준영이가 태어났다. 처음에는 공부하느라 아이 갖는 것을 미루었는데, 막상 가지려하자 잘 들어서지 않았다. 몇 년 동안 마음 고생 한 뒤 포기해야겠다는 심정이던 결혼 5년차에 극적으로 들어선 아이였다. 내게는 너무도 고맙고 소중한 아이였다.

처음 임신 사실을 알고는 믿기지가 않았다. 병원에 갔다 와서야 그 사실을 받아들일 수 있었다. 불임을 겪어 본 여자들은 잘 알 것이다. 한 달마다 찾아오는 생리가 그렇게 반갑지 않다는 것을. 그리고 그 허탈감이란 이루 말할 수 없다. 그래서 임신 진단 시약을 할 때마다 실망감을 줄이기 위해 지레 기대부터 접으려 노력하는 내 마음을 셀 수 없이 많이 보았다. 그런데 정말 두 줄이 보였다!

너무도 기쁘고 믿기지 않았다. 떨리는 목소리로 남편에게 전화를 걸어 병원에 같이 가 달라고 부탁했더니 남편도 떨리는 목소리로 같이 가자고 했다.

"운이 좋으시군요. 임신이 맞습니다"

이 한마디에 그동안 힘들었던 모든 것들이 다 날아가는 것 같았다. 이제는 내게도 좋은 일만 있겠지. 아마 내 생애에 있어 그때처럼 기뻤던 기억은 없는 것 같다. 그만큼 아이는 소중하고 고마운 존재였다. 그렇게 소중하고 고마운 아이였는데도 세월이 흐르면서 나의 이기심과 막연한 기대 때문에 아이에게 상처를 주고 있는 나를 발견하게 되었다.


"준영아, 빨리 해! 늦겠다"
"아니! 너 그것밖에 생각 못하겠어?"
"얘가 왜 이래? 너 몇 살이야?"
"너! 엄마가 뭐라고 했어?"
"그러니까 엄마가 하지 말랬지!"
"자~알 했다. 그럼 그렇지"


아이의 마음을 다치게 하는 말들을 셀 수 없이 쏟아놓는다. 어디

말로만 그러는가? 행동으로 주는 모욕감도 많다. 물건이나 가방을 확 낚아챈다든지, 손을 꽉 잡고 끌고 간다든지, 노려본다든지, 눈을 부릅뜨고 겁을 준다든지, 심하면 매를 들고 위협을 하기도 한다. 아이를 교육한다는 핑계로 매를 드는 경우도 많았다. 이제 와서 돌이켜보니 참 잘한 게 없는 것 같다. 어쩌면 그렇게 아이를 몰아붙이기만 했을까?

남들은 늘 이렇게 말한다.

"교육학 박사시면서 부모 교육 특강도 많이 하시니 아이 교육은 너무 잘하시겠네요. 아무 걱정도 없으시겠어요. 너무 부러워요"

그러나 난 늘 이렇게 대답한다.

"아닙니다. 저도 여러분과 똑같은 엄마랍니다. 자기 아이 문제에 있어서만은 누구도 객관적이기 힘들기 때문이지요. 다만 무엇을 어떻게 하는 것이 좋은지는 배웠으니 좀 더 조심할 뿐이랍니다. 그래도 많은 실수와 상처를 입을 수밖에 없는 것이 현실이구요. 그러니 늘 노력할 따름이지요."

대답은 꽤나 교육적으로 말하지만, 난 어쩌면 보통 엄마들보다 더 모자란 엄마인지도 모른다는 생각을 많이 한다. 자녀 교육에 대해 전문적으로 배웠다면 더 잘 해야 할 텐데 오히려 더 실천하지 못하고 살기 때문이다.

이런 내 모습을 보면서 갈등도 많이 했다. 그리고 더 많은 책을 읽으면서 어떻게 하면 좀 더 아이와 잘 지낼 수 있을지 많은 고민을 하게 되었다.

**아이를 낳고 행복했던 때를 생각하면 모든 갈등이 사라진다**

천사 같기만 하던 아이는 5살이 되면서 무척 고집스럽게 바뀌기 시작하더니 무조건 위험한 짓만 하려고 했다. 4살까지는 너무 얌전해 공부를 시키면 잘할 것 같았는데 5살이 되면서 동네 악동으로 변해갔다.

동네에서 준영이를 모르는 사람이 없었다. 목소리도 무척 커졌고 하루 종일 밖에서만 놀려고 고집을 부렸다. 그리고 하지 말라는 행동만 골라 했다. 어릴 때부터 소근육이 잘 발달해 웬만해서는 물건을 떨어트린다든지 컵을 엎지르는 적이 없었는데, 걸핏하면 넘어지고 물건을 떨어트려 깨거나 물잔을 쏟기 시작했다. 조심하라고 주의를 주면 도리어 큰소리를 치면서 신경질적인 반응을 보였다.

'이제 준영이도 시작이구나'

말로만 들었던, 자율성의 발달로 '생애 첫 반항기'라 할 수 있는 시기가 되었다는 것을 실감할 수 있었다. 그러면서 조금씩 아이와 갈등이 생기기 시작했다. 더 큰 문제는 아빠와의 갈등이었다. 남편은 가부장적인 가정에서 자랐기 때문에 아이는 매로 다스려야 한다는 생각을 갖고 있었다. 무엇보다 사내 아이는 때려야지 말로는 안 된다고 믿었다. 집안이 조용할 날이 없었다.

게다가 나는 아이를 사랑하고 있다는 느낌보다는 어떻게 하면 아이를 내가 바라는 모습으로 바꾸어 놓을지에 대해 더 고민하는 엄마가 되어갔다. 당연히 그 과정에서 아이와 크고 작은 갈등을 일으켰고, 힘들 때는 매를 들기도 했다. 남편이 매를 드는 것보다는 차라리 내가 드는 것이 더 나을 것이라는 생각에서였다.

그런데 어느 날 아이가 이렇게 말했다.

"엄마는 나를 미워해!"

나는 깜짝 놀랐다.

"준영아, 엄마가 너를 미워한다고 생각하니? 언제 그런 느낌이 들었어?"

"엄마가 나를 때리잖아!"

"준영이를 왜 때렸는데? 뭔가 잘못했을 때 때리지 않았니? 그냥 때렸어?"

"응, 미우니까 때리지!"

아이들은 잘못해서 혼이 날 때도 자신의 잘못은 생각하지 못하고 그저 엄마가 자신을 미워하기 때문에 혼을 낸다고 생각한다. 누구보다 이 사실을 잘 알고 있었으면서도, 그것이 내 아이에게도 해당된다는 것은 잊고 있었던 것이다.

나는 다시 부모 교육서와 아동발달 관련 책들을 뒤적였다. 그리

아이가 자꾸만 밉게 변해간다구요?
아이는 변해가는 것이 아니라, 자라고 있는 것입니다.
변한 것은 아이가 아니라 엄마의 시선인지도 모릅니다.
가끔은 아이와의 첫사랑을 떠올려보세요.

하여 아이의 현재 발달 단계가 자기 중심적인 시기이고, 아직 논리적인 사고가 힘들므로 엄마가 혼내는 것은 자신을 미워해서 그렇다고 생각할 수 있다는 점을 다시 생각하게 되었다.

부모되기는 참 힘들다. 누군가에게 도움말을 해주고 알려주기는 쉽지만 자신의 아이에게 제대로 된 부모노릇 하기는 무척 힘들다. 그래서 나는 늘 아이와 나와의 관계를 되짚어 본다. 그리고 반성한다.

이제 초등학교 1학년인 첫아이, 잠든 천사 같은 아이를 보면서 내가 얼마나 아이의 입장에서 이야기를 들어 주었는지, 또 상처를 주지는 않았는지 돌이켜보는 시간을 갖는다. 그와 동시에 아이가 처음 내게 어떻게 왔는지, 내게 어떤 존재였는지 되돌아보면서 초심으로 돌아가는 연습을 많이 한다.

초심으로 돌아가 아이와 처음 만났던 때를 생각하기만 하면, 아이에 대한 모든 미운 생각들이 사라지고 그저 고맙고 사랑스럽기만 할 뿐이기 때문이다.

아이야, 정말 고맙다. 엄마에게 와 줘서!

# 아이의 색깔을 파악하고
# 색깔에 맞게 키워라

"우리 아이는 그림을 잘 그려요"

"우리 아이는 너무 산만한 것 같아요"

"우리 아이는 자동차에만 집착해요"

"우리 아이는 도무지 책을 안 봐요, 어떻게 할까요?"

엄마들의 이런 이야기들은 아이에 대한 지극한 사랑 때문이다. 그런데 이 사랑이 일방적인 짝사랑일 때는 문제가 된다.

아이들에게는 저마다 타고난 능력이나 재능이 있다. 그 아이만의 재능이 있다는 것은 각각의 아이가 자신의 색을 갖고 있다는 뜻이다. 그런데 이 색을 잘 발견하면 좋은데 외부의 여러 가지 변수로 인해 아이의 진정한 색을 찾는데 시간을 많이 낭비하거나, 아예 색을 찾지 못하는 경우가 있다.

## 자녀 교육은 아이의 색깔을 찾는 것에서 시작된다

요즘 엄마들은 아이 교육에 무척 열성이다. 아니 모든 것을 아이 교육에 거는 엄마들도 많다. 예전의 어머니들이 자식들을 위해 한평생 헌신한 것처럼 요즘 엄마들은 아이의 교육을 위해 모든 것을 희생한다고 할 수 있다. 그런데 가만히 살펴보면 무엇인가가 빠져 있다.

그것은 다름이 아니라, 내가 그리고 아이가 원하는 삶이 무엇인지 진지하게 생각해보고, '아이 교육은 이것이 우선이다' 라는 어떤 원칙을 세우는 것이다.

나는 아이를 키우는데 있어서 가장 중요하고 필요한 것 중의 하나가 '원칙' 이라고 생각한다. 자녀 교육에 대한 어떤 기본적인 원칙이 있어야 아이를 키우는 중요한 기준점으로 삼을 수 있고, 갈팡질팡하지 않고 균형을 잡을 수 있기 때문이다.

나 역시 많은 엄마들과 마찬가지로 내 아이가 공부도 잘하고 누구에게나 칭찬받는 사람이 되기를 바란다. 하지만 그것은 나 자신의 욕심일 뿐이고 중요한 것은 아이의 행복이다. 그래서 나는 자녀 교육의 원칙을 '아이의 행복' 으로 정했다. 그러자 내 행동에 많은 변화가 생겼다.

예전에는 내가 원하는 대로 아이를 끌고 가려고 했는데, 이제는 아이가 원하는 것을 스스로 할 수 있도록 기회를 주는 편이다. 그러다 보니 아이가 언제 재미있어 하고 즐거워하는지, 언제 지겨워하고 재미없어 하는지 관심 있게 관찰하게 되었다. 이런 관찰을 통해 아이에 대해 더 잘 알 수 있게 되었고, 아이의 타고난 색을 찾는데도 많은 도움을 얻을 수 있었다.

아이에 대해 갖고 있는 기대와 욕심을 버리는 것은 참으로 쉽지 않다. 나 역시 마찬가지였다. 내 욕심을 버리고, 오로지 아이의 행복만을 생각하기로 한 것은 나 자신의 경험을 되돌아보면서였다.

내 어머니도 여느 어머니들처럼 내 행복을 위한다는 이유에서 일찍 한글을 배우도록 몰아붙였다. 나는 집안의 큰딸이었고, 어머니는 큰딸에게 거는 기대 때문에 무용이며 피아노도 가르쳤다. 그런데 내가 타고난 색은 그런 것들과는 맞지 않았다.

내가 타고난 색은 화려했다. 겉으로는 순종하는 듯했지만 내 가슴에 들어 있는 색은 아주 진한 자유로움이었다. 이러한 자유를 몰라주고 어머니는 엉뚱한 것들을 많이 요구했다. 그러다 보니 나는 어머니의 요구에 잘 따라주지 못했다. 그런 내게 돌아오는 대답은 "너는 머리가 나쁘다"였다.

아이의 색깔을 억압하고 엄마의 색깔을 강요하면,
아이의 자아는 깊이깊이 숨어버리게 되어 결국 아이 자신 조차도
자신의 색이 무엇인지 알지 못하게 됩니다.

어린 마음이었지만, 내 자존감은 무너져내려 바닥을 쳤다. 그런 뒤 한동안 나는 내 색을 아무에게도 보여주지 않았다. 그러다보니 그저 순하고 착한 아이라고만 알려졌다. 내 가슴 속에 들어 있는 자유로움을 알아 준 초등학교 4학년 담임 선생님을 만나기 전까지는 말이다.

4학년 담임 선생님은 아이들에게 무슨 일을 시킬 때, 그때만 해도 소극적이던 내게도 차례가 돌아올 수 있도록 배려해 주었고, 그 때문에 나는 작지만 다양한 성공 경험들을 할 수 있었다. 그런 과정을 통해 나도 인정받을 수 있다는 자신감을 가질 수 있게 되었다. 그 뒤로 나는 원래의 내 색깔대로 적극적인 아이가 되었다.

지금도 내게는 초등학교 4학년 이전의 기억이 많이 남아있지 않다. 잘 기억할 수 있는 시기인데도 기억이 많이 없는 것을 보면, 그 시절에 행복하다거나 기쁘다는 느낌이 별로 없었던 것 같다. 왜냐하면 사람은 마음이 눌리거나 불행하면 실제로 기억력이 떨어지기도 하고, 또 그 시절을 기억하고 싶지 않기 때문에 무의식적으로 기억을 억압해버리기 때문이다. 사실 초등학교 3학년까지만 해도 나는 어머니가 너무도 무서웠다.

개인적인 상담을 통해서, 또 교육학과 상담 공부를 하면서 비로소 초등학교 4학년 이전의 기억들을 많이 떠올릴 수 있었다. 그리고 그 시절 어머니의 부정적인 영향이 내게 얼마나 큰 상처가 되었는지 알 수 있었다. 이런 경험을 통해서 나는 내 아이만큼은 자신의 색깔을 마음껏 표현할 수 있도록 해주려고 노력했다.

## 현명한 엄마는 아이의 색깔대로 키운다

준영이는 자유로운 아이다. 대부분의 사내 아이들이 그렇듯이 집 밖에서 뛰어다니며 마음껏 날개를 펴면서 살아야 하는 아이다. 아이는 그럴 때 가장 행복해하고 말도 많아지고 자신감도 넘친다. 이렇게 밖에서 노는 것으로 욕구를 충분히 충족시키고 나면 자기가 해야 할 일을 스스로 잘 하는 모습도 보여준다.

"엄마, 나 오늘 과학 숙제 해야 하는데 못 했으니 밥 먹고 할게요" 하거나 스스로 목욕을 한다든지, 노래를 흥얼흥얼 부르면서 논다든지, 이제 두 살 된 동생에게 여유롭게 양보를 하기도 한다. 아이의 이런 즐거움은 내게도 그대로 전해진다.

그런데 아이의 색깔을 무시한 채 내 생각대로 몰아붙이기만 하면 아이는 너무나 힘들어한다. 엉덩이는 의자에 붙어있지 못하고 얼굴은 울상이다. 물론 공부도 진도가 나가지 않는다. 그래서 나는 아이가 초등학교에 들어가면서부터 학습 방법도 아이의 색깔에 맞추어 그날그날 선택할 수 있도록 했다. 공부를 먼저 하고 놀 것인지, 실컷 논 다음에 공부할 것인지 컨디션에 따라 스스로 정하게 했다.

아이는 여러 번의 시행착오를 겪으면서 자신이 결정한 일이 어떤 결과를 낸다는 것을 스스로 경험하고, 그런 경험을 통해 다음에는 어떻게 해야 할지 생각할 수 있게 된다. 그래서 나는 아이의 시행착오를 뻔히 보면서도 시간을 두고 지켜보았다.

1학기가 끝나갈 즈음, 아이는 너무 놀고 나면 숙제할 힘이 없는 날도 있다는 것을 알게 되었다. 그럴 경우 미리 공부를 하고 노는 것을 선택하면 마음 편히 놀 수 있다는 것도 알게 되었다. 이런 과정이 몇 번 되풀이되자 그날그날 자신의 상황에 맞게 지혜롭게 일의 순서를 선택했고, 자신이 선택한 것에 대해서는 책임감 있게 해내기도 했다.


모든 아이들에게 이런 방법이 맞아 떨어지는 것은 아니다. 조카 중에 초등학교 3학년인 태완이란 아이가 있다. 이 아이는 준영이와 완전히 반대되는 색을 가지고 있었다. 자유로움보다는 정해진 틀 속에 들어 있을 때 안정감을 느끼는 아이다. 이런 아이들은 해야 할 일을 스스로 해 놓지 않으면 몹시 불편해한다.

이런 성향을 가진 아이는 참 드물지만, 부모 입장에서는 엄마 말을 잘 듣는 착한 아이이기 때문에 너무나 편한 아이기도 하다. 그렇지만 스스로 결정하고 생각하기보다는 결정을 어른에게 유보하는 성향이 강하므로 아이가 스스로 결정할 수 있는 결정권을 가지도록 꾸준히 훈련시키는 것이 중요하다. 그렇지 않고 그저 말 잘 듣는 착한 아이라고만 생각하고, 스스로 결정할 수 있는 힘을 길러주지 않으면 고등학교를 졸업하고 대학에 들어가서도 아무런 결정을 내리지 못하게 되는 경우가 있다.

## 아이 색깔 찾기, 엄마의 세심한 관찰력이 중요하다

둘째 아이 찬영이는 큰아이와 색깔이 무척 다르다. 아직 20개월이 안 됐지만 자기 의사가 분명하다. 처음부터 순종적인 것과는 거리가 먼 아주 고집스런 색을 갖고 태어났다.

처음에는 큰아이와 무척 다른 반응을 보이는 둘째가 재미있기도 하고 당황스럽기도 했지만 대화와 세심한 관찰을 통해 아이의 색깔을 파악한 뒤에는 큰 어려움 없이 소통할 수 있었다.

둘째 아이는 자기가 원하는 것과 원하지 않는 것이 분명하다. 만약 자신이 원하는 것을 못 알아듣고 엉뚱한 것을 건네주면 머리를 세차게 흔들면서 원하는 것을 해줄 때까지 신경질적인 말투로 징징거리면서 '왜 내 이야기를 못 알아듣느냐'는 듯이 따진다.

또 큰아이는 단순히 장난감을 가지고 노는 것을 좋아하는 반면, 작은 아이는 장난감을 가지고 노는 것에 만족하지 않고, 장난감을 통한 상호 작용을 좋아한다. 크고 까만 차는 모두 '아빠 빠방'이라 하고 조그마한 소형차는 '엄마 빠방'이라고 나름대로 관계를 설정하면서 논다. 그러면서 주변에 있는 사람과 눈을 맞추면서 계속 무엇인가를 이야기하고 싶어한다. 이처럼 큰아이와 달리 작은 아이는 장난감을 갖고 놀 때도 다른 사람들을 끌어들여 함께 놀기를 좋아한다.

공부를 할 때도 두 아이의 서로 다른 색깔은 그대로 나타난다. 큰아이는 믿고 지켜봐 주는 것을 좋아하기 때문에 칭찬이라도 한 마디 해주면 뿌듯해하면서 스스로 해내려는 성향이 강하다. 그러나 둘째는 옆에 앉아 지켜봐 주면서 뭐라고 끊임없이 이야기해 주는 것을 좋아한다. 혼자 하기보다 함께 하는 것을 좋아하고, 그럴 때 아이는 자신의 능력을 더욱 크게 발휘한다.

이처럼 두 아이의 서로 다른 색깔을 정확하게 알아내 그에 알맞은 방법으로 지도하는 것은 무척 중요하다. 그렇지 않고 아이들의 색깔은 모두 다른데, 부모 자신의 입장에서 판단해 똑같은 방법을 아이에게 강요한다면 효과는 적고 서로 힘만 들 뿐이다.

진정한 사랑은 내가 주고자 하는 것을 주는 것이 아니라 상대방이 원하는 것을 주는 것이다. 무엇보다 부모와 아이 사이에는 더욱 그렇다. 그렇게 하기 위해서는 끊임없이 아이를 관찰해야 한다. 관찰을 통해 아이의 색깔을 정확하게 찾아야 한다. 그리고 그 색깔에 맞는 것을 주어야 한다.

나 자신도 아직 내 아이들의 색깔을 다 찾았다고는 할 수 없다. 다만 아이의 타고난 성향을 있는 그대로 받아들이면서 아이들이 자신의 색깔을 찾을 수 있도록 도와주려고 한다.

늘 관찰하면서 언제 아이가 행복해하는지, 언제 자신감이 넘치는지 알아내어 그 상황을 많이 만들어 주는 것이 내 역할이라고 생각한다. 그래서 오늘도 나는 두 아이 뒤에서 한 걸음 떨어져 가만히 지켜보고 있다.

# 비교는 아이에 대한
# 불신에서 비롯된다

결혼한 지 5년 쯤 된 여자들이 모여 앉으면 이야기의 주제는 온통 아이를 어떻게 키우는가 하는 문제로 모인다. 그러다가 첫아이가 초등학교에 들어갈 나이가 되는 결혼 8년차가 되면 이야기의 주제는 온통 아이의 교육에 관한 것이 되고 만다.

그런데 늘 느끼는 것이지만 사람의 욕심은 끝이 없다. 자기가 가진 것에 대해 감사하게 생각하기보다는 늘 부족한 것에 대해 원망하며 산다. 이것은 자녀 문제에서도 그대로 나타난다. 아이가 없을 때는 남의 남편과 자기 남편을 비교하다가, 아이가 생기면 다른 집 아이와 자기 아이를 비교하기 시작한다. 이때부터 아이들의 고생은 시작된다.

다른 집 아이와 비교하기 시작하면서 엄마들은 '옆집 애는 이렇다더라, 그런데 너는 이게 뭐니?' 라는 말을 자주 한다. 그런데 요즘 아이들의 대답이 재미있다. 엄마가 옆집 친구와 비교하면서 자신을 야단치면 상상할 수 없는 말로 대꾸한다.

'그럼 엄마는요? 다른 엄마들은 이렇고요, 누구 엄마는 이래요' 라며 엄마로 하여금 할 말을 잊게 만들고 만다. 그런데 따지고 보면 아이의 말이 틀리지도 않다. 그러므로 처음부터 다른 아이와 비교하는 것 자체가 어리석은 셈이다. 엄마 자신이 자기 아이와 다른 아이를 비교한다면, 아이가 자기 엄마와 다른 엄마를 비교하며 대꾸하는 것 역시 정당화되고 마는 것이다.

## 아이를 비교하고 있다면 비교의 기준부터 점검해야 한다

처음 준영이를 키울 때 나는 늘 아이가 대견스러웠다. 아무리 둘러보아도 준영이만한 아이가 없었다. 인사도 잘하고, 얼굴은 늘 밝고 얌전했으며, 정리정돈도 깔끔하게 잘했다. 그리고 다른 아이들과도 잘 놀았다.

그런데 5살이 되자 동네 악동으로 변하면서 나와의 갈등이 시작되었다. 그렇게 얌전하던 아이가 동네 사람들이 모두 머리를 절레절레 흔들 정도로 산만하고 말 안 듣는 아이로 바뀌고 말았던 것이다. 내 자식이라는 것이 창피하다는 생각이 들 정도였다.

처음에는 '아직 어리니까 좀 크면 괜찮아지겠지' 하고 위로도 해 보았다. 하지만 아이의 이런 모습을 가장 견디기 힘들어하는 사람은 다른 사람이 아니라 가족과 가까운 친척들이었다. 너무나 다르게 변해버린 아이에게 적응이 되지 않아 모두들 부담스러워했다. 세상에 무서운 것이 없는 아이가 되어 버렸기 때문이다. 참으로 난감하기 짝이 없었다. 그때부터 날마다 아이와 싸워야 하는 상황에 부딪히고 말았다.

그러던 어느 날, 아이가 친구들을 집으로 데리고 와서 놀았다. 그런데 아이들 노는 모습을 살펴보니 서로 비슷비슷할 만큼 정신없고 산만하고 고집이 셌다. 그때까지만 해도 준영이가 유난히 산만하고 정신없다고 생각했는데, 실은 다른 아이들과 별반 다르지 않다는 것을 알게 되었던 것이다.

그런데 왜 나는 유난히 준영이가 산만하고 정신없는 아이라고 느꼈던 것일까? 곰곰이 생각해 보니 어렸을 때의 모습과 많이 달라졌기 때문이며, 또 비교 대상에 조카 태완이란 아이가 있었기 때문이었다.

비교하는 것이 좋지 않다는 것을 잘 알고 있었지만 나도 모르게 준영이를 다른 아이와 비교하고 있었는데, 그 대상이 공교롭게도 얌전하기로 소문난 조카 태완이였던 것이다. 태완이를 기준으로 말과 행동을 비교하면, 준영이는 언제나 말썽꾸러기이고 산만하고 고

집불통에 말 안 듣는 아이가 되는 것이 당연했다.

나는 준영이를 무조건 산만한 아이로 생각해 야단만 치기보다는 넘치는 활동 에너지를 분출할 수 있도록 다양한 기회를 만들어 주어야겠다는 생각을 했다. 그래서 아이가 원하던 태권도 학원에 보내 다른 아이들과 어울려 놀 수 있도록 하면서 태도 변화를 지켜보기로 했다. 동시에 나 또한 아이를 바라보는 눈을 다르게 하기 위해 노력했다. 아이의 타고난 성향을 인정해주고, 다른 장점을 발견하려는 노력을 시작했던 것이다.

## 비교의 뿌리는 사랑이 아니라 엄마의 욕심이다.

언제가 아는 교수님이 1년 사이에 머리가 하얗게 된 적이 있었다. 무슨 일이 있었는지 물었더니, 딸 아이가 속을 썩여 속이 타다 못해 머리가 하얘졌다고 하셨다.

"내가 명색이 교수인데, 아이가 대학을 안 가겠다고 하니....자식 일은 내 마음대로 안 되네요"

왜 아니겠는가? 열심히 공부해서 좋은 대학에 들어가 훌륭한 사회인이 되기를 바랐을 것인데, 머리를 빨갛게 물들이고 와서 하는 말이 대학 안 가겠다는 선포였으니 부모로서는 기가 찰 노릇이었을 것이다.

그날 이후 교수님은 마음을 비웠다고 한다. 마음을 비우고 나니 아이를 비교하지 마세요.
비교 당한 아이는 언제나 채워지지 않는
갈증을 느끼며 살아가게 됩니다.

딸아이와 대화도 되고,  대화를 하다 보니 딸아이가 하고 싶은 일이 미용일이라는 것을 알았다고 한다. 두 사람은 진지한 대화를 통해 진로를 모색했고, 결국 딸아이는 미용 기술을 배우기 위해 기술 학교를 가게 되었다.

부모 상담을 하다 보면 아이 때문에 마음 고생하는 사람들을 많이 만난다. 그런 부모들을 만날 때마다 남의 일 같지 않다. 부모의 기대치와 실제로 아이들이 갖고 있는 현실적인 능력 사이에는 언제나 거리감이 있기 마련이고, 그러다 보니 부모는 자기도 모르게 다른 아이와 비교하게 된다. 갈등은 여기서 시작하는 경우가 많다. 이것은 자식을 키우는 사람이면 언젠가 한번쯤은 겪을 일들이다.

나 또한 예외일 수 없을 것이다. 지금은 아이가 어려 사소한 문제들로 갈등하고 고민하지만 아이가 자라면 문제의 덩어리도 같이 커질 것이다. 이런 문제를 해결하기 위해서는 부모가 자식을 바라보는 눈높이를 낮출 수밖에 없다. 그리고 자꾸 비우는 연습을 해야 한다. 비운다는 것은 있는 그대로의 아이를 인정하고, 아이가 자신의 능력에 맞는 일을 스스로 해낼 수 있을 때까지 믿고 지켜봐 주면서 기다리는 것을 뜻한다.

아이가 가진 능력이나 소질은 손가락만한데 부모의 기대가 팔뚝만하다면 자연히 다른 아이와 비교하게 되고, 그렇게 되면 아이가 얼마나 힘들겠는가? 모름지기 부모는 아이의 타고난 능력이나 성향에 맞게 아이를 받아들일 수 있어야 한다. 그렇지 않으면 둘의 관계도 힘들 뿐만 아니라 아이도 무척 힘들게 된다. 심하면 아이와 부모가 모두 병이 들고 만다.

이런 의미에서 둘째 아이는 첫째 아이보다 행운아다. 대부분의 부모들은 첫째 아이에게 많은 것을 쏟아붓는다. 기대도 많이 하고 노력도 많이 한다. 그러다가 그것이 제대로 되지 않는다는 것을 알고 나면 둘째 아이에게는 조금 관대해진다. 그래서 둘째 아이들은 대부분 조금 더 여유롭게 키운다. 기대나 강요를 많이 하지 않고 자신이 하고 싶은 일들을 마음껏 해보게 하는 여유를 부리기도 한다.

그렇다고 둘째 아이들이 불만이 없는 것은 아니다. "왜 형은 학원 다 보내주고 나는 안 보내주냐?"고 서운해하는 것도 둘째들이다. 그러면 엄마들은 대개 이렇게 말한다. "보내 보니 별 볼일 없던데, 너도 별수 있겠냐?"이 말이 둘째 아이들을 또 서운하게 한다.

아이들은 저마다 타고난 능력이나 성향이 다르다. 그러므로 부모들은 열린 마음으로 아이들을 관찰하고, 아이들이 무엇을 원하는지 민감하게 알아차릴 필요가 있다. 그리하여 각자에게 맞는 배움의 기회를 마련해주어야 한다.

형에게 해봤던 것을 동생에게는 해볼 필요가 없다가 아니라, 아이가 무엇을 하고 싶어하는지 선택할 수 있는 기회를 주는 것이 중요하다. 그 결과 아이 스스로 자신이 원하는 것을 찾을 수 있도록 하는 것이 좋다. 부모가 먼저 먹어보고 맛있다는 것을 알고 나서 먹여주기보다 아이가 먼저 맛을 볼 수 있도록 가만히 기다려주고 지켜봐주는 것이 필요하다는 이야기다.

훌륭한 부모란 아이들을 있는 그대로 받아들이고 인정하고, 아이가 자신의 능력에 맞게 해낼 수 있을 때까지 기다려줄 줄 아는 사람이다.

# 엄마가 아이를 믿어주면
# 아이는 자신을 신뢰하게 된다

나를 절대적으로 믿어주는 누군가가 있다는 것은 살아가는데 무척 큰 힘이 된다. 아이에게 있어 이런 역할은 대개 부모가 하는 경우가 많다.

위대한 인물들 뒤에는 반드시 그를 믿어준 어머니나 아버지가 있었다. 그들은 그 믿음을 져버리지 않기 위해 자신의 인생을 헛되이 살지 않았다. 그 결과 세상에 큰 영향을 미치는 위대한 사람이 되었던 것이다.

상담을 통해 알게 된 것도 이러한 믿음이라는 힘이다. 누군가 자신을 믿어주고 있다는 느낌 하나만으로도 사람들은 금방 바뀌기 시작한다.

스스로에 대해 자신 없어 하고 자신이나 다른 사람에 대해 부정적인 생각들로 가득 차 있던 사람들이, 자신을 있는 그대로 받아주고 믿어주는 상담자와의 관계를 통해 자신에 대해 긍정적으로 생각하고 자신을 사랑하는 마음을 갖게 되는 것을 많이 봐 왔다. 나 역시 나를 믿고 자신의 아픔과 수치스러운 이야기들을 솔직하게 말해주는 내담자들을 통해 믿음에 대해 다시금 생각해보곤 한다.

## 욕심을 버리면 아이를 믿을 수 있게 된다

집단 상담이라는 프로그램을 통해 대인 관계의 신기한 경험을 하는 경우가 있다. 여러 사람들이 함께 둘러 앉아 자신들의 이야기를 하게 되는데, 처음에는 탐색 과정을 거친다. 과연 상대방들을 믿을 수 있을 것인가에 대한 탐색이다.

탐색이 끝나 믿음이 생기면 자신에 대한 껍데기들을 하나씩 벗기 시작한다. 그러면서 내가 남을 믿어주는 기쁨과 남이 나를 믿어주고 있다는 신뢰에 대한 새로운 경험을 하게 된다.

안전하고 따뜻하다는 느낌을 받게 되면, 살면서 받은 상처들을 집단 상담 시간에 하나씩 풀어놓기 시작한다. 처음에는 서로의 생각 차이 때문에 의견도 분분하고, 오히려 상처를 입는 경우도 있다.

그러다가 시간이 흐르면서 서로의 아픔을 다독여주고 안아주는 모습들을 발견하게 된다. 누구나 상처가 있다는 사실과 여린 가슴들을 가지고 있다는 점들을 발견하면서 인간에 대한 깊은 연민과 함께 인간의 선함에 대한 믿음을 가지게 되는 것이다.

아이에 대한 부모의 믿음도 이런 것과 다르지 않다. 어쩌면 더 맹목적이고 순수할 것이다. 그런데 세월과 함께 지나친 기대나 이기심이 섞이면서 아이를 바라보는 믿음의 눈이 많이 흐려지는 것 같다.


처음 큰아이 준영이가 내게 왔을 때는 다른 어떤 기대도 없었다. 그저 건강하기만 바랐다. 그러나 아이가 자라면서 욕심과 기대도 커져갔다. 그런 만큼 아이에 대한 믿음은 줄어들고 말았다.

지켜만 봐주고 보조자의 역할만 해주어도 잘 해낼 수 있는 능력을 갖고 있는데도, 늘 못 미더워하고 쫓아다니면서 잔소리를 하고 일일이 확인하는 내 모습을 발견하고 말았다. 말로는 믿어주는 것만큼 좋은 것이 없다고 하면서도 실천은 하지 못했던 것이다. 그런 내 모습을 통해 '과연 아이를 믿어준다는 것이 어느 정도까지를 말하는 것일까?' 하는 반문을 해보기도 했다.

믿기 때문에 지켜보는 것과 방임과는 다르다. 힘들고 귀찮을 때 아이를 믿는다는 핑계로 그냥 내버려두는 경우가 있다. 이것이 방임이다. 말 그대로 아무런 계획도 대책도 없는 상태에서 아이를 그냥 내버려두는 것이다. 아이를 믿어서가 아니다.

엄마가 아이를 믿어 주면,
아이는 자기 자신을 신뢰하게 됩니다
아이를 믿어 준다는 것은, 조급한 마음을 내려놓고
아이의 때를 기다려주는 것입니다.

믿기 때문에 지켜보는 것은, 아이가 홀로서기를 할 수 있도록 지켜봐주고, 힘들어할 때 도움의 손길을 뻗어주는 것을 말한다. 그리고 중요한 것은 아이 자신이 갈 길을 스스로 정하고, 부모는 아이가 그 길을 잘 갈 수 있도록 믿어주고 도와주어야 한다는 것이다. 이것이 부모와 아이 사이의 믿음이고, 이 믿음으로 인해 아이는 큰 용기와 자신감을 얻어 험한 세상을 헤쳐 나갈 수 있게 된다.

## 믿는다는 것은 기다려주는 것이다

큰아이가 처음 기어다니기 시작했을 때 나는 너무나 불안했다. 소중하기만 한 아이가 어떻게 되지나 않을까 늘 전전긍긍했다. 그러다 보니 한순간도 아이에게서 눈을 떼지 못하고 쫓아다녔다. 그런데 어느 날 '언제까지 아이의 뒤를 쫓아다니며 봐줄 것인가?' 하는 생각이 들었다.

나는 스스로에게 다짐하듯 말했다. '강해지자 그리고 믿자. 이 아이가 잘 헤쳐 나갈 수 있는 능력이 있다는 것을 믿자. 믿고 지켜보자. 내가 계속 불안해한다면, 그 불안함이 아이에게도 전해질 것이다. 불안해하는 아이로 키우는 것보다는 자신감 있는 아이로 키우자'

그 뒤부터 나는 아이가 넘어져도 스스로 일어날 때까지 지켜보았다. 또 놀다가 다쳤을 때도 "그래, 아프겠구나, 약 바르자" 하면서 아이가 보이는 반응 이상의 표현을 하지 않았다. 그러자 아이는 놀다가 다쳐도 유난스럽게 굴지 않았다. 그리고 5살 이후에는 스스로 약을 바를 수 있도록 연고와 반창고를 손 닿는 곳에 두었다. 그러자 스스로 약을 바르고 반창고를 붙이기도 했다. 너무 크게 다쳤을 때만 도움의 손길을 원했다.

다친 부위에 스스로 약을 바를 줄 알게 되자 위험한 일에 대해서는 미리 피할 줄도 알았다. 그래서 그런지, 모험을 좋아하는 성격으로 봐서는 일찍 인라인을 배우려 했을 텐데 충분한 자신감이 생기면 배우겠다고 해서 7살이 넘어 인라인을 배우기도 했다. 그러자 아이의 말대로 비교적 쉽고 빨리 배웠다.

이런 경험을 통해 뭐든지 필요 이상으로 일찍 가르칠 이유가 없다는 생각을 더욱 굳혔다. 아이 스스로 자신이 필요하다고 느낄 때 가르쳐주자 더 열심히 배우고 더 빨리 배웠기 때문이다.

엄마가 서둘러 아이를 몰아가거나 쓸데없는 걱정을 미리 할 필요는 없는 것 같다. 먼저 아이의 능력이나 생각을 믿어주자. 아이들은 아무것도 모르는 것처럼 보이지만 필요한 것에 대해서는 스스로 선택할 수 있는 능력을 가지고 있다. 그런데 미리부터 어른이 선택해주고 결정해주면 아이는 스스로 선택하고 결정하는 능력을 잃어버리게 된다.

## 아이의 선택을 믿어줄 때 선택 능력이 자란다

나는 언제나 아이의 의사를 존중하는 편이고, 아이의 생각대로 결정하는 경우가 많다. 그런데 딱 한 번 이런 원칙을 어기고 내 생각대로 끌고 가려고 시도한 적이 있다. 그것은 영어 공부를 가르칠 때였다.

다른 것은 몰라도 영어만큼은 일찍 배우는 것이 좋다고 생각해 아이에게 되도록 빨리 영어라는 세계를 경험시켜 주고 싶었다. 그래서 준영이를 '꼬드겨' 영어 학원에 보냈다. 그런데 도통 영어에 관심이 없었다. 학원에만 가면 놀고 싶어했다.

아이들 영어 수업이라는 것이 대개는 놀이를 통해 이루어지므로 재미있어 할 것이라 생각했는데 준영이는 달랐다. 놀이도 어느 정도 영어를 알아야 할 수 있는 것들이었는데, 영어를 전혀 공부하지 않았으니 놀이인들 재미있을 리 없었다.

나는 결단을 내려야 했다. 준영이에게 어떻게 하고 싶은지 물어보았다. 아이는 당연히 다니기 싫다고 했다. 어떤 틀 속에 갇혀 공부하는 것을 싫어했던 것이다. 나는 과감하게 영어 공부에 대한 미련을 버렸다. 다른 것과 마찬가지로 하고 싶으면 언젠가는 할 것이라는 믿음을 갖기로 했다.

준영이는 자신이 무엇을 하고 싶어하는지, 하기 싫은 것이 무엇인지 비교적 정확하게 아는 편이다. 그러면서도 기본적으로 해야 할 일이 무엇인지도 잘 알고 있다. 나는 이 두 가지를 무척 중요하게 생각한다. 그 때문에 아이를 믿는 것이다.

세상을 살아가는데 있어 자신이 하고 싶은 일이 무엇인지 아는 것은 무척 중요하다. 그래서 억지로 시키기보다는 시간이 걸리더라도 스스로 필요에 의해 선택할 수 있도록 지켜보기로 했다.

물론 내 선택이 옳은지 또는 그른지 평가하기에는 아직 이르다. 어쩌면 평가할 필요조차 없는지도 모른다. 그것은 아이의 행복에 관한 것이기 때문이다. 아이가 스스로 자신의 행복을 찾을 수 있다면 그것보다 좋은 일은 없을 것이기 때문이다.

나는 오늘도 아이가 원하는 것이 무엇인지, 무엇을 할 때 가장 행복한지를 놓고 아이와 많은 이야기를 한다. 그러면서 한편으로는 좋아하지 않지만 해야 하는 일들에 대해서도 이야기를 나눈다. 그리하여 삶이란 좋은 것만 하고 살 수 있는 곳이 아니라는, 다소 어려운 이야기를 주제로 대화를 나누기도 한다. 세월이 흘러 아이가 그 말의 의미를 되씹어볼 수 있는 날이 올 것이라 믿기 때문이다.

# 엄마 생각대로 아이가
# 움직여주기를 바라면 안 된다

미국의 유명한 베스트셀러 작가 존 그레이 박사가 쓴 〈화성에서 온 남자, 금성에서 온 여자〉라는 책을 읽어본 사람들이 많을 것이다. 이 책은 남자와 여자는 본질적으로 다르기 때문에 그 차이를 인정하고, 그 차이 때문에 생기는 문제들을 해결하는 방법을 알아내야 남녀가 행복하게 살 수 있다는 메시지를 담고 있다.

부부 사이에서 가장 자주 등장하는 문제가 "남편이 내 이야기를 들어주지 않는다"는 부인의 말과 "아내가 나를 혼자 가만히 내버려두지 않는다"는 남편의 불만이다. 곧 부인은 남편이 자신의 이야기를 잘 들어주고 자신의 마음에 공감을 해주었으면 좋겠는데, 남편의 경우 대충 듣는 시늉만 하거나 아니면 바로 문제 해결을 해주려는 경향을 내비춰 아내의 마음을 다치게 한다.

반면에 남편은 혼자 조용히 시간을 가지고 생각할 여유가 있었으면 좋겠는데, 아내는 남편으로부터 공감을 얻기 위해 자꾸 귀찮게 한다. 이렇듯 남자와 여자는 어떤 문제에 부딪혔을 때 푸는 방식도 다르고 서로 원하는 것도 전혀 다르다.

## 화성에서 온 아들, 금성에서 온 딸

딸과 아들도 당연히 여자와 남자다. 그러므로 남자와 여자의 차이에 대해서 분명히 알고 있어야 잘 키울 수 있다. 물론 현실에 부딪히면 쉽지 않다. 남자와 여자로 생각하기보다는 그저 아이로만 보기 때문이다. 하지만 아이로만 바라보면 어떤 문제에 부딪혔을 때 아이를 이해할 수 있는 폭이 좁아지고 만다.

현대 과학의 발달로 남자와 여자의 뇌에 차이가 있다는 사실이 속속 밝혀지면서 생물학적으로 남녀가 차이가 있다는 것을 사회가 인정하게 되었다. 실제로 남자는 공간 지각 능력이 뛰어나고 여자는 언어 능력이 뛰어나다는 사실은 이미 과학적으로 증명되었다. 중요한 것은 남녀의 차이를 인정함과 동시에 서로 다른 능력을 어떻게 바람직한 방향으로 발전시켜 나갈지에 대해 고민하는 것이다.

차별과 차이는 다르다. 남녀 차이든 개인차든 차이가 있는 것에 대해서는 인정해야 하겠지만 그 차이를 잣대 삼아 차별을 해서는 안 된다. 그러므로 부모는 아들과 딸의 차이를 인정해야 하지만 아들과 딸을 차별해서는 결코 안 된다. 그러나 실제 생활을 살펴보면 알게 모르게 아들과 딸을 차별하는 것이 현실이다.

일반적으로 아들을 가진 부모들은 경험을 통해 아이의 공격성과 지배욕을 보았을 것이다. 끊임없는 경쟁과 기존 권위에 도전하려는 욕구로 인해 폭력적인 컴퓨터 게임에 빠지거나 도전적인 말투를 즐겨 쓴다. 또한 위기 상황을 보는 것을 좋아하며 아슬아슬한 놀이를 즐긴다. 이것은 테스토스테론이라는 남성 호르몬 때문이다.

준영이도 자전거나 인라인을 탈 때 위험한 행동을 자주 한다. 자전거를 탈 때 두 손을 놓는다거나, 일부러 좁은 길을 찾아가 필요 이상으로 속력을 내며 지나간다. 놀이 기구를 탈 때도 최대한 스릴을 즐긴다.

텔레비전을 볼 때도 그냥 앉아서 보는 경우는 별로 없다. 물구나무를 하고 보거나 온갖 제스처를 다 한다. 옆에 앉아 있던 동생도 금방 형을 흉내내며 따라 한다. 아무 생각 없이 소파에서 뛰어내린다거나 미끄럼틀을 거꾸로 걸어 올라가는 따위의 위험한 행동을 한다. 그런 모습을 보다 보면 '저 아이들이 과연 생각이 있기는 한 것일까?' 하는 의문이 들 때도 있다.

아들 둘을 키우다 보니 어렸을 때 같이 놀던 남자 친구들이나 남동생의 행동들이 생각났다. 스릴을 좋아하는 남자 아이들은 여자 아이들의 고무줄을 끊어놓고 도망가며 놀리는 것을 재미있어 했다. 또 우는 여자 아이들을 달래주기는커녕 '메롱' 하면서 더 놀리기도 했다.

남동생 역시 마찬가지였다. 위험한 장난으로 온 몸이 성할 날이 없을 지경이었다. 뿐만 아니라 병아리가 날 수 있는지 알아본다고 높은 곳에서 떨어트려 다리를 부러트리기도 했다. 이렇듯 남자 아이는 위험한 장난도 많이 치고 잔인한 점도 많다.

게다가 남자 아이는 선천적으로 다른 사람의 감정에 공감하는 것을 잘 못한다. 친구와 싸우거나 문제가 생겼을 때, "상대방의 입장에서 생각해 보면 어떨까?"하는 질문을 해보면 대부분 "잘 모르겠다"고 대답을 한다.

그렇다면 딸은 어떤가? 나는 딸을 키워보지 않아서 솔직히 잘 안다고 할 수는 없다. 하지만 여자 아이들이 감정이 더 풍부한 것은 사실이다. 그래서 다른 사람의 마음에 공감하거나 감정 이입 같은 것을 잘 한다.

나도 여자이기 때문에 남자 아이보다는 여자 아이의 심리적 상황에 대해 조금 더 이해하는 편이다. 그러므로 반대로 아버지가 딸을 이해하기는 쉽지 않을 것이다. 엄마가 아들을 이해하기 힘들 듯이 말이다.

엄마를 꼭 닮은 아이, 그래서 더 정이 가고 이쁩니다.
엄마와는 전혀 다른 아이, 그래서 희망이 있습니다.
'다름'을 알게 되면, 아이의 행동이 이해가 되고
'다름'을 인정하게 되면, 아이의 행동이 용서가 됩니다.

“그렇게 이쁘던 아이가 이젠 너무 멀게 느껴져요”

상담실을 찾아 온 어떤 아버지가 내게 한 말이다. 예쁘고 상냥하기만 하던 딸아이가 너무 변덕스러워져서 어떤 말을 어떻게 해야 할지 모르겠다고 했다.

“이젠 나를 멀리해요. 지금은 안아줄 수도 없어요”

딸아이가 사춘기를 겪게 되면서 아버지들이 공통적으로 느끼는 마음일 것이다. 사실 이것은 엄마들도 마찬가지다. 같은 여자라고 해서 딸을 이해하는 것이 마냥 쉬운 것은 아니기 때문이다.


부모들은 대부분 딸보다 아들을 마음에서 일찍 떠나보낸다. 아들은 어릴 때부터 미리 떠나보내는 연습을 하기도 한다. 대부분 딸보다 더 일찍 사회 생활을 시작하기 때문이다. 그 때문인지 부모들은 아들보다 딸의 사춘기에 더 민감하다. 딸들은 대부분 속을 썩이지 않고 부모 품에 조용히 있다가 사춘기가 되면서 갑자기 자기만의 세계를 가지면서 부모와 갈등을 일으키는 경우가 많다. 이때는 아버지뿐만 아니라 엄마도 딸아이의 마음에 공감하기란 그리 쉽지 않다.

이럴 때 도움이 되는 것이 그동안 잘 쌓아 놓은 대화의 힘이다. 저축해 놓은 것들(행복하고 즐거운 시간)이 많을수록 사춘기를 겪는 동안 서로 기다릴 줄 아는 여유를 가질 수 있다. 하지만 서로 간에 민음의 뿌리가 약하다면 사춘기에 접어들면서 무척 힘든 시기를 서로 겪을 수밖에 없다.

## 서로 다르다는 것을 인정하면 더 행복하게 살 수 있다

딸이 사춘기가 되면서 너무 힘들어하는 친구가 있었다. 그 친구는 "예전에 나도 그랬을까?" 하면서 도무지 딸을 이해하지 못했다. 그러면서도 "그래도 시간이 지나야겠지? 나도 저런 때가 있었을 테니까" 하면서 자신도 그런 과정을 겪었고, 그러므로 기다려주면서 좀 더 지켜봐주어야 한다는 사실을 받아들이는 여유를 보였다.

그 친구도 처음부터 딸을 이해할 여유가 있었던 것은 아니다. 딸과의 갈등을 겪으면서 어떻게 해야 할지 많은 고민을 했다. 다른 사람들의 이야기도 들어보고 책도 읽어보고, 그러다가 여동생과 이야기를 나누면서 자신이 그리도 고민하는 딸의 모습이 사실은 과거 자신의 모습이기도 하다는 사실을 조금씩 깨닫게 되었다. 그러자 좀 더 편히 딸을 바라볼 수 있게 되었다고 했다.

아들의 경우도 마찬가지다. 커가면서 점점 더 남자다워지지만 아버지도 아들을 이해하기 힘들어하는 경우가 많다. 상담을 의뢰해 온 어떤 엄마는 "왜 남자인 아빠조차 아들과 잘 지내지 못할까요? 같은 남자인 아빠는 아들을 잘 이해해주어야 하지 않나요?" 하고 말했다.

그러나 현실을 들여다보면 부모는 아이들과 성향도 다르고 자라온 배경도 같지 않기 때문에 동성이라 하더라도 서로 완전히 이해하기는 힘들다. 나아가 부모 자신들이 자랄 때 어떤 고민을 하고 어떤 생각을 했는지 이미 잊은 지 오래다.

다른 사람의 생각을 나와 똑같은 것으로 바꾸어 놓으려 하는 것 자체가 얼마나 어리석고 많은 에너지를 낭비하는 것인지 모른다. 이것은 부모 자식 사이에도 마찬가지다. 부모라고 해서 아이의 생각을 바꾸어 놓을 수는 없다. 그러므로 일찌감치 서로의 생각 차이를 인정하면서 각자의 개성을 살려주고, 서로의 의견을 존중해주는 훈련을 해야 한다.

이것은 집안에서 먼저 이루어져야 한다. 부부끼리 먼저 서로의 의견을 존중해주고, 각자의 생각이 서로 다를 수 있다는 것을 인정해주면서 아이들의 생각도 존중해주는 쪽으로 넓혀 나가야 한다.

'누구네는 이런데 너는 이게 뭐냐'는 식으로 비교하면서 힐난하고 비난하는 것은 서로를 힘들게 하고 불행하게 할 뿐이다. 그러므로 각자의 차이에 대해 인정해야 하고, 동시에 아이들도 다른 사람을 대할 때 개개인의 차이를 인정해서 좋은 대인관계를 할 수 있도록 부모가 먼저 모범을 보여주어야 한다.

다만 이런 문제에 대해 접근하는 방법이나 풀어가는 방법 역시 아들과 딸이 조금씩 다르다는 것을 알아야 한다. 그러므로 원활한 대인관계를 위한 훈련을 할 때는 딸과 아들의 훈련 방식을 조금은 달리할 필요가 있다.

## 다름을 이해하게 되면 관계도 한결 수월해진다

준영이의 경우, 자꾸 자신의 의견을 막무가내로 우길 때가 있다. 그럴 때 나는 넌지시 이렇게 말해준다.

"준영아, 내가 너에게 무조건 우기면 너는 기분이 어떻겠니?"

"몰라요"

그리고는 더 이상 대답하지 않고 입을 닫아버린다. 이런 경우, 남자의 특징을 안다면 계속 다그쳐서 아이를 이해시키기보다 잠시 내버려두는 것이 좋다. 곧 "너는 기분이 어떻겠니?" 라는 말로 여운을 살짝 남겨두면서 스스로 생각할 수 있는 여유를 주면 남자 아이들은 대부분 "아까는 제가 잘못했어요" 라거나, 상대방의 기분을 상하게 한 것에 대해 스스로 반성하는 경우가 많다.

이처럼 남자 아이들은 밀어붙이면 이야기를 더 하기 싫어하고 반항적으로 나온다. 자신이 무시당한다고 생각하기 때문이다. 반면에 여자 아이들은 다르다. 조근조근 이야기하는 것을 좋아한다. 그래서 어떤 문제에 대해 토론을 할 때 여자가 훨씬 유리한 것이다. 논리정연하게 결론을 끌어내고 합리적인 의견을 말하기 때문이다. 그

러므로 딸아이와 어떤 문제에 대해 대화로 해결해야 할 때는 결론
이 날 때까지 차근차근 이야기하는 것이 좋다.

나는 남자와 여자의 성향을 잘 알기 때문에 우리 집 남자들(남편
과 사내 아이 둘)과는 오래 이야기하지 않는다. 대신 한 마디 툭 던지
고 시간을 두고 기다려준다. 그리하여 충분히 생각했다고 판단하면
그때 다시 대화를 한다. 그러다 보니 웬만해서는 큰 싸움으로 번지
는 경우가 없다.

아들과 대화하려는 엄마들은 이 점을 잘 알아야 한다. 대화를 통
해 금방 결론을 내려고 하지 말고 짧고 간략하게 자신의 의견을 전
달한 뒤 아이가 스스로 자신의 생각을 정리할 수 있을 때까지 여유
를 주어야 한다. 그런 다음 다시 대화를 이어나가면 효과적이고 정
확한 해결책을 찾을 수 있게 된다.

# 자꾸 감정적으로 대하게 된다면
# 엄마 마음의 상처부터 돌아보라

엄마이기 이전에 나도 사람이다. 그래서 노력은 하지만 늘 실수투성이다. 어떤 때는 내 모습에서 놀라움과 함께 무서움을 느낄 때가 있다. 아이들을 키우면서 문득문득 내 안에 잠재되어 있던 폭력성을 느낄 때면 나 자신이 두렵기도 하다.

나는 여동생과 남동생이 한 명씩 있다. 대부분 맏이는 사랑도 많이 받지만 동시에 많은 기대를 짊어진다. 그래서 더 의젓해지려 하고 더 사랑받기 위해 자신도 모르게 많이 노력하게 된다. 그러다 보니 언제부터인지 몰라도 떼를 쓰지 않게 되었다. 비교적 빨리 어른다워진 것이다.

맏이로 자랐기 때문인지 큰아이와 작은 아이가 싸울 때 작은 아이는 어리다며 무조건 큰아이만 혼내지는 않는다. 단지 먼저 태어났다는 이유로 아직 어른이 아닌데도 어른스럽게 행동하라고 강요하는 것이 싫었기 때문이다. 시간이 흐르면 자연스럽게 아이가 자신의 위치에 대해서 깨닫기 마련인데, 누군가 옆에서 형이라는 사실을 자꾸 강요하게 되면 아이는 동생을 귀찮아하고 짐스러운 존재로 느끼게 될 뿐이다.

나는 되도록 큰아이가 작은 아이에게 져 주어야 한다고 생각하지도 않고 서로 합리적으로 문제를 해결할 수 있도록 기다려주고 지켜봐 주려고 노력한다. 어른이 개입하지 않는 상황에서 큰아이가 스스로 자신이 형이라는 사실을 알아차리고, 그래서 어떻게 행동해야 할지 깨달을 때까지 기다려주는 것이다.


어렸을 때 막내 남동생을 안고 찍은 사진이 있다. 동생이라고는 하지만 나보다 머리도 큰 녀석을 내가 이를 악물고 안고 있는 사진이다. 어머니는 그 사진을 볼 때마다 웃곤 했다. 조그만 녀석이 동생을 안고 있으라는 말에, 그래도 누나라고 이를 악물고 안고 있다며…. 그 사진을 볼 때마다 그때 난 과연 어떤 심정이었을까 하고 생각해 본다.

나는 힘들다는 소리를 별로 하지 않고 자랐다. 힘든 일에 부딪히면 누군가에게 이야기하기보다 혼자 힘으로 해결하려고 했다. 그런

나를 어머니는 그저 얌전하다고 생각했다. 하지만 나는 얌전한 아이가 아니었다. 내 안에 들어 있는 자기만의 색깔을 드러내지 못해 얌전한 것처럼 보였을 뿐이다.

그러다가 나를 진정으로 알아준 4학년 담임 선생님으로 인해 나는 내 색깔을 온전히 드러낼 수 있었다. 그때부터 나는 더 이상 얌전한 아이가 아니었다. 남자 아이들과 당당히 싸울 정도로 외향적인 아이가 되었다. 그 때문인지 4학년 겨울 방학 즈음 아버지의 근무지를 따라 외국에 나가 살게 되었을 때도 말도 통하지 않는 곳에서 비교적 잘 견딜 수 있는 뚝심을 가질 수 있었다.

어렸을 때 난 어머니가 너무 무서웠다. 그래서 내 생각을 잘 표현하지 못했다. 어머니가 배우라면 배우고 하라면 했다. 그런데 나는 그런 것들이 전혀 즐겁지 않았다. 그래서 어머니에게 맞설 수 있는 힘이 생긴 뒤부터는 즐겁지 않은 일은 하지 않았다.

이런 경험 때문인지 나는 아이가 즐거워하지 않는다면 어떤 것도 억지로 배우게 하지 않는다. 그것이 내가 아이를 키우는 기본 원칙이다.

## 엄마 안의 상처가 아이를 감정적으로 대하게 만든다

아버지는 반대로 참 자상한 분이셨다. 그리고 자식들을 끔찍이도 사랑하셨다. 그런데 문제는 아들을 위하는 마음이 너무 지나쳤다. 그 때문에 어머니를 비롯해 나와 여동생에게 상처를 준 일이 많았다. 딸 둘을 낳은 뒤 어머니는 아버지의 아들 타령에 우울증까지 겪을 정도였다. 그러다가 막내 남동생이 태어났으니 어머니와 아버지는 그야말로 금이야 옥이야 키우셨다.

그러나 소중한 아들을 키우는 것이 그리 쉬운 일은 아니었다. 하루가 멀다 하고 다쳐 병원에 가서 머리를 꿰매는가 하면, 누나와 놀다가 누나를 다치게 했다. 문제는 남동생이 다치면 아버지가 모든 가족들을 불러놓고 혼을 낸다는 사실이었다. 매를 들기까지 했는데, 그 매가 보통 매가 아니었다. 가끔 이성을 잃을 정도로 감정적으로 매를 들었다.

나는 왜 매를 맞아야 하는지 이유를 몰랐다. 동생이 다친 것이 우리 탓이 아닌데 왜 우리를 때리는지. 그 뒤부터 내게 있어 아버지는 좋은 사람으로 비춰지지 않았다. 남동생 역시 예쁘게 보이지 않기 시작했다.

세월이 흘러 아버지가 매를 안 들게 되고, 어머니 또한 다 커버린 자식을 때릴 수 없다는 것을 알았을 때, 아이러니하게도 매를 들고 있는 나를 발견할 수 있었다. 내 몸에 폭력적인 잔인함이 숨어 있었다. 화가 나면 나도 모르게 무엇인가 부숴버리고 싶은 충동을 느꼈던 것이다. 아이가 심한 억지를 부리며 말을 듣지 않을 때 나도 모르게 매를 들고 때리고 싶은 충동을 느꼈다. 그때마다 나는 당황하고 놀랐다.

내 안에 잠재되어 있는 폭력성은 결국 내 경험에서 비롯되었을 것이다. 그래서 나는 더욱 조심한다. 이성을 잃지 않도록. 아이 때문에 화가 났을 때는 심호흡을 여러 번 한다. 정말 머리끝까지 화가 나면 우선 그 자리를 피한다. 그런 뒤 내가 무엇 때문에 화가 났는지, 진짜 이유에 대해 곰곰이 생각해 보는 시간을 갖는다. 그런 다음 아이와 함께 대화를 통해 문제를 해결해 나간다.

## 매보다 마음에 입은 상처를 아이는 더 오래 기억한다

아이들을 키우다 보면 예쁘고 사랑스러울 때도 있지만 너무 귀찮고 힘들 때도 있다. 아이가 힘들게 할 때면, 대화를 통해 아이를 설득해야 한다는 것을 잘 알면서도 매를 들거나 위협적인 말을 사용해 그 상황을 되도록 빨리 끝내려고 하는 유혹을 느낄 때가 많다. 그리고 가끔 이 유혹에 져서 소리를 치거나 매를 들기도 한다.

큰아이가 어렸을 때는 매도 자주 들었지만, 아이에게 "엄마는 나를 미워해서 때린다"는 말을 듣고부터는 매를 들지 않았다. 그런데도 아이는 맞은 것을 기억하고 있었다. 그리고 언젠가 "엄마나 아빠가 또 때릴지도 모르니까 무섭다"는 말을 할 때는 참으로 마음이 착잡하기도 했다.

여전히 서툰 엄마이기에
내 안의 상처로 아이를 다치게 할 때도 있지만
이제는 그것에 대해 아이에게 사과할 줄 아는 엄마가 되었습니다.
자꾸만 아이를 감정적으로 대하게 된다면
엄마 안의 상처부터 보듬는 것이 필요합니다.

큰아이가 놀이방에 다닐 때다. 놀이방에 맡기고 돌아 나오는데 뒤에서 아이가 이렇게 물었다.

"나 데리러 올 거죠?"

순간 아이가 왜 그런 말을 하는지 놀랐다.

"준영아, 엄마가 안 데리러 올까봐 겁나? 왜 그런 생각을 했을까?"

"엄마 말 안 들어서 놔두고 간다고 했잖아요"

언젠가 아이를 데리고 야외로 놀러 갔다가 남편과 내가 장난삼아 "말 안 들어서 준영이는 놔두고 와야겠다"고 했는데, 아이는 그 말을 기억하고 헤어질 때면 혹시 자기를 데리러 오지 않을까봐 두려워했던 것이다.

내가 미처 아이의 마음을 헤아려보지도 않고 내뱉은 말 때문에 아이가 얼마나 많이 상처받고 불안했을까 하는 생각을 하니 너무 미안한 마음이 들었다. 아이 앞에서는 찬 물도 못 마시고, 말도 함부로 해서는 안 된다는 어른들의 옛말이 하나도 그르지 않다.

## 감정적으로 아이를 대했을 때는 솔직히 사과하라

아이들에게 좋은 엄마가 되기 위해서는 엄마 자신의 몸과 마음이 편안해야 한다. 나는 엄마들에게 늘 이렇게 권한다. 여유를 내기 어렵더라도 아주 짧은 시간이라도 엄마 혼자 있는 시간을 마련하라고. 그렇지 않으면 자신의 피곤함으로 인해 그 짜증의 독이 아이에게 그대로 전해진다고.

어릴 때 나 역시 동생들을 돌보는 것이 싫었다. 그것을 잘 알고 있으면서도 나 역시 큰아이에게 동생을 부탁할 때가 있다. 그런데 이런 경우, 큰아이의 능력만큼 작은 아이를 돌보게 해야 하는데 나도 모르게 그 이상을 요구할 때가 있다.

작은 아이가 다치기라도 하면 동생을 잘 보지 못했다고 큰아이를 혼낸다. 그러면 큰아이는 억울하다고 운다. 마치 내 어린 시절 다친 남동생 때문에 나와 여동생이 아버지에게 매를 맞았던 것과 비슷한 상황이 벌어지는 셈이다. 그런데 나 자신이 좀 여유가 있는 날은 아이에게 너그럽게 대한다. 물론 그렇지 않는 날이면 큰아이를 다그치고 만다.

"너는 그런 것도 못하냐? 엄마가 잠깐 쉴 때 그런 것 좀 제대로 도와주면 안 되니?"

명색이 자녀 교육 전문가라는 사람이 아이의 자존감만 떨어트리는 말을 하고 있는 셈이다. 그렇게 한바탕 퍼붓다가 어느 순간 '아차!' 하면서 이성을 되찾는다. 그리고는 서툰 엄마 노릇에 스스로에게 또 한번 실망하고 만다.


오랫만에 네 식구가 저녁을 맛있게 먹고 집으로 돌아가는 길이었다. 나는 작은 아이를 안고 있었고 남편은 짐을 잔뜩 들어야 했기 때문에 큰아이에게 핸드백을 챙기라고 했다. 그런데 엘리베이터를 타고 보니 큰아이 손에 핸드백이 없었다.

나와 남편은 약속이나 한 듯 큰아이를 몰아붙였다. 그것도 제대로 못 챙기느냐, 이야기를 하면 잘 듣지 무슨 딴생각을 하느라 핸드백을 놓고 왔느냐 등등. 큰아이는 금방 울음을 터트리고 말았다. 우는 아이를 보고 남편은 사내 녀석이 운다고 또 몰아 세웠다. 엘리베이터 안은 금세 전쟁터가 되고 말았다.

그런데 잠시만 생각해 보면, 아이를 다그친다고 바뀌는 것은 하나도 없다는 것을 알게 된다. 야단친다고 아이의 손에 갑자기 핸드백이 쥐어지는 것도 아니다. 그냥 "잘 챙겼어야지" 하는 부드러운 말 한마디가 오히려 아이에게는 더욱 효과적인 야단이 될 수도 있다. 그런데 한순간 감정을 참지 못해 화를 크게 내고 말았으니 서로 감정만 상한 꼴이 되고 말았던 것이다.

지금은 예전과 달리 감정을 조절하는 능력이 조금은 생겼다. 그러다 보니 웬만해서는 감정적으로 문제를 해결하는 일이 없다. 그렇지만 사람인 이상 가끔 감정이 상하는 경우가 있다. 그럴 때면 마음을 가다듬고 아이와 대화를 한다. 그리고 솔직히 아이에게 털어놓는다.

"엄마가 피곤해서 그랬는데, 준영이를 더 실망시켰네. 미안해. 다음에는 준영이가 노력한 것에 대해 더 잘 알아줄게"

이렇게 말하면 아이는 금방 싱긋 웃는다. 그리고 기대 이상의 대답을 하면서 내 불편한 마음을 풀어주기도 한다.

"엄마 쉬어요. 내가 찬영이 잘 봐줄게요"

너무도 고맙고 사랑스러운 아이다. 어찌 보면 어른보다 아이들이 훨씬 더 넓은 마음과 융통성을 갖고 있다는 것을 느낄 때가 많다.


엄마도 사람이다 보니 때로는 감정적으로 아이를 대할 때가 있다. 하지만 이런 일이 너무 자주 그리고 반복적으로 일어난다면, 우선 엄마 자신의 마음부터 살펴보는 것이 필요하다.

내 마음 속에 해결되지 않은 깊은 상처가 있는 것은 아닌지, 그것이 자꾸만 아이와의 관계를 가로막는 것은 아닌지 생각해보는 것이다. 그런데 이 과정은 그야말로 내가 보기 싫어하는, 보고 싶지 않은 깊은 상처를 들여다보는 것이기 때문에 참으로 힘든 과정이다. 그래서 전문 상담자의 도움을 받는 것도 좋다.

# 지금 아이의 모습에서
# 20년 뒤를 내다볼 수 있어야 한다

요즘 아이들은 100살이 넘게 살 세상에 태어났다. 그렇다면 아이들 교육 문제도 좀 멀리 내다봐야 할 것이다.

예전에는 누가 먼저 높고 좋은 자리를 빨리 차지하느냐는 것이 인생의 중요한 목표였다. 하지만 지금은 빨리 올라갈수록 빨리 내려와야 한다는 걱정이 더 앞서는 세상이다. 그리고 올라간 자리를 지키기 위해 끊임없이 노력해야 한다는 점도 큰 부담이 되고 있다. 실제로 좋은 직장과 좋은 자리를 먼저 차지한 사람들이 그 자리를 유지하기 위해 엄청난 스트레스를 받고, 그 때문에 병으로 쓰러져 죽어가는 것을 어렵지 않게 볼 수 있다.

교육학을 공부하고, 학부모들을 대상으로 자녀 교육에 관한 강의를 하고 있지만 나 역시 아이를 키우는 엄마라는 사실을 벗어나기는 참 힘들다. 그러다 보니 대부분의 엄마들처럼 아이가 그림을 잘 그리면 '화가가 되려나?', 리듬에 맞춰 춤을 추는 것만 보아도 '음악가 자질이 보이네' 하는 행복한 상상을 하면서 나름대로 이것저것 좋은 것들을 아이에게 대입시켜 본다.

그런데 사실 아이가 어떤 직업을 갖느냐 하는 것은 그렇게 중요하지 않다. 직업상 진로 지도 상담을 하는 경우가 많다 보니 여러 가지 직업에 대해 비교적 많은 정보를 갖고 있는 편이다. 그러다 보니 예전에는 있었으나 지금은 없어졌다거나, 예전에는 없었는데 요즘 새로 생긴 직업들이 많다는 사실을 알게 되었다.

또 예전에는 무척 인기 있는 전문직이었는데 요즘에는 모두가 싫어하는 3D 업종이 되었거나, 반대로 예전에는 아무 인기가 없는 직종이었는데 요즘에는 많은 사람들이 선망하는 전문 직종이 된 경우도 많다.

이런 현상은 아이들에게도 그대로 적용될 것이다. 지금은 무척 인기 있는 직업지만 아이가 자라 정작 그 직업을 갖게 될 즈음에는 모두들 하기 싫어하는 직업이 될 수도 있다. 반대로 지금은 누구나 하고 싶어 하지 않는 직업이지만 아이가 자라 어른이 되었을 때 그 직업이 인기 있는 것이 될 수도 있다. 그리고 지금은 없지만 앞으로 얼마나 많은 직업들이 생길지 아무도 모른다.

그렇다면 어릴 때부터 특정 직업에 맞추어 아이를 교육한다는 것이 얼마나 부질없는 짓인지 잘 알 수 있다. 그렇게 하기보다는 모든 가능성에 대해 활짝 문을 열어 놓고 아이가 좋아하는 것이 무엇인지를 찾게 하는 것이 훨씬 교육적이면서 아이를 위해서도 좋다.

## 부모의 근시안적인 욕심이 아이의 행복을 빼앗는다

나는 '아이의 행복이 우선이다'는 자녀 교육의 원칙을 가지고 있다. 그러므로 아이가 원하는 것이 무엇인지, 아이가 즐거워하는 것이 무엇인지 잘 알아내는 것이 중요하다.

그런데 아이가 원하고 잘하는 것이 바로 눈에 보이면 좋은데 그렇지 않다는 것이 문제다. 개성이 뚜렷한 아이들은 자신이 원하는 것이 무엇인지 비교적 일찍 분명하게 드러내지만 대부분의 아이들은 특별한 계기가 주어지지 않으면 자신의 색깔을 잘 드러내지 않는다. 그러다 보니 부모들도 자기 아이에 대해 '잘 모르겠다'는 말을 많이 하는 것이다.

나 역시 마찬가지였다. 처음 한동안 내 욕심 때문에 아이를 제대로 보지 못했다. 내 욕심에 눈이 멀었으니 아이가 원하는 것이 무엇인지는 생각할 여유도 없었다. 대신 무엇인가를 빨리 결정해서 하루라도 빨리 그 길로 갈 수 있도록 해주어야겠다는 조급한 마음에 이런 저런 조기 교육을 시켜 볼 따름이었다.

이것은 겉으로는 아이를 위한 부모의 사랑처럼 보였지만 내면 깊숙이 들어가 보면 나 자신의 엉뚱한 욕심일 뿐이었다. 문제는 이러한 욕심이 많은 경우 아이의 생리적 욕구와 충돌한다는 사실이다. 그렇게 되면 그 사랑은 아이 입장에서는 고통이 되고 만다. 어처구니없는 것 같지만 우리 주변에는 이런 일들이 흔히 벌어지고 있다. 그리고 나 자신이 직접 경험해보기도 했다.

준영이가 한 돌이 지났을 때, 다양한 자극을 주어야겠다는 생각에 일주일에 한번씩 교사가 집으로 찾아오는 방문 학습지를 시작했다. 그런데 아이가 낮잠을 자는 시간은 일정하지 않고, 방문 교사가 찾아오는 시간은 일정하다 보니 아이의 생리적인 욕구와 학습 시간이 충돌을 일으키기 시작했다. 엄마의 욕심과 아이의 생리적 욕구가 빚어내는 충돌이었다.

이 사건이 있은 뒤 나는 아이를 잘 키우기 위해서는 부모 교육이 필요하다는 생각을 하게 되었다. 그래서 더 부지런히 책을 읽었고 이런 저런 프로그램에도 참가했다. 그리고 아직 어리지만 아이의 의사를 존중하려고 노력하게 되었다.

### 멀리 내다볼 줄 아는 엄마가 경쟁력 있는 아이로 키운다

"엄마는 맨날맨날 이거 해라 저거 해라 해!"

아이가 살아갈 20년 후를 나는 상상 조차 할 수 없습니다.
그러기에 오늘도 조심스런 마음으로
아이 마음에 무엇을 심어야할지 고민하는 것입니다.

“알았어요 알았어, 아휴 또 시작이다!”

언제부턴가 준영이가 내 말을 따라하고 있는 것을 보았다. 그런데 그런 아이의 모습을 여유를 갖고 조금 떨어져서 보면 웃음이 난다. 예전 같으면 “이 녀석이 엄마 말을 따라해! 어른이 말하는데” 하면서 아이를 혼냈을 것이다. 혼내고 나면 나도 아이도 서로 기분만 나빠지고 상황이 바뀌는 것은 아무것도 없다.

아이는 무조건 내 말을 잘 들어야 한다는 생각에서 벗어나면 아이가 내 말을 흉내 내는 모습에서 웃을 수 있는 여유를 갖게 된다. 그러면서 자연스럽게 대화가 시작된다.

부모가 아이와 살아갈 인생은 단거리 달리기가 아니다. 아이가 살아가야 할 인생 역시 단거리가 아닌 마라톤 인생이다. 그러므로 우리는 그에 맞게 준비해야 한다. 어떤 시련이 왔을 때 또는 기회가 왔을 때 준비된 자세로 슬기롭게 이겨낼 수 있도록 아이의 정서적인 안정을 고려해야 한다.

아이가 정서적으로 즐거운 경험이 많고 성공 경험이나 칭찬 경험이 많으면 자신감이 넘치게 된다. 그러나 정서적으로 불안하고, 즐거운 경험도 적고, 무엇보다 칭찬 경험이 부족하면 무슨 일에 있어서나 자신감이 없을 뿐만 아니라 대인관계에 있어서도 치명적인 제한을 받는다.

나는 우리 동네를 참 좋아한다. 놀이터에 나와 노는 아이들이 많기 때문이다. 놀이터에 노는 아이들이 많다는 것은 아이들이 아이들답게 크고 있다는 뜻이다. 사실 처음에는 집안 어른들과 남편은 아이들 교육을 위해 좀 더 여건이 좋은 곳으로 가야 하지 않을까 하는 제안을 했다.

그때 나는 남편에게 '아이에게 어떤 인생을 살도록 하고 싶으냐'고 물었다. 그리고는 남들이 말하는 명문 대학에 아이가 꼭 가야 하는지, 또 좋은 직장에 반드시 들어가야 하는지, 우리가 아이에게 바라는 것이 무엇인지에 대해 깊이 있는 대화를 나누었다.

다행히 남편은 나와 비슷한 생각을 갖고 있었다. 앞으로는 더욱 경쟁적인 사회가 될 것이고 세계는 글로벌화 될 것이다. 지금 당장은 학벌이 최고인 듯하지만, 남편 자신이 그것만이 전부가 아니라는 것을 이미 경험했기 때문에 아이가 좋아하는 것을 스스로 선택하도록, 그런 다음 우리는 뒤에서 도움만 주자는 데 의견을 같이 했다.

평균 수명이 길어졌으므로 앞으로는 한 가지 직업만으로 평생 산다는 것은 어려울 것이다. 그러므로 빠르게 변하는 사회에 잘 적응할 수 있는 사람으로 키우는 것이 가장 경쟁력 있는 사람으로 키우는 것이 될 것이다.

# 아이의 말과 행동, 마음에 공감하는 소통 연습

부모 자신들의 어린 시절만 잘 기억해도 아이들과 소통하는 것이 훨씬 수월해진다. 자신의 어린 시절에 비추어 아이의 생각과 말과 행동을 잘 이해할 수 있기 때문이다. 아이가 밉고 못마땅할 때, 자신의 어린 시절을 떠올리며 '나 역시 저렇게 하지 않았던가' 하는 생각을 하면 그렇게 밉지도 싫지도 않게 되고 만다.

# 아이가 질문하면
# 함께 답을 찾아가자

아이를 키우면서 가장 힘들어질 때가 질문이 많아지는 세 살 전후다. 엄마가 아주 해박한 지식을 갖고 있거나, 여러 가지에 관심이 많아 공부를 많이 한 엄마가 아니라면 쉴 새 없이 되풀이하는 '왜요?' 라는 질문에 당황한 경험이 많을 것이다. 어떤 때는 '얘가 나를 놀리나' 하는 생각이 들기조차 할 것이다.

"바빠 죽겠는데 나보고 어쩌라구?"

"나도 전혀 모르는데……."

무엇보다 과학적인 지식을 필요로 하는 질문들이나, 아직 해결되지 않은 초자연적인 현상에 대한 질문들은 엄마들을 더욱 당황하게 한다.

74

"비는 왜 와요?"

"왜 미국 사람과는 한국말로 말할 수 없죠?"

"왜 밥은 먹어야 해요?"

"사람은 왜 죽어요? 죽으면 정말 천국이나 지옥이 있나요?"


이런 질문에 대해 간단히 대답해주면, 그 대답을 통해 다시 꼬리에 꼬리를 무는 질문들이 이어진다. 그런데 그 질문을 끝낼 수 있는 아주 효과적인 방법이 있다.

예전의 우리 부모님들은 "그런 건 몰라도 돼!", "애가 왜 이렇게 귀찮게 굴어!", "너 지금 엄마랑 장난하냐?", "이제 그만해!" 같이 아이의 질문 자체를 막아버리는 식으로 대응했다. 처음에는 이러한 입막음으로 아이의 질문에서 벗어날 수 있을지 모르지만, 이런 식의 대꾸를 자주 하면 나중에는 아이가 아예 질문을 하지 않게 된다. 문제는 질문을 하지 않는 것으로 끝나는 것이 아니라 생각하는 것 자체를 싫어하게 되거나 엄마와는 다른 대화도 하지 않게 될 위험이 있다는 것이다.

이럴 때는 '무식한 엄마'가 되어 솔직하게 대하면 어떨까? 잘 알지 못하는 것을 아이가 물어오면, "엄마도 잘 모르는데 같이 한번 찾아볼까?"하고 제안해 보자. 그래서 아이가 스스로 답을 찾을 수 있도록 도와주는 것은 어떨까?

어떤 것을 배울 때, 쉽게 배운 것은 쉽게 잊어버리는 경향이 있다. 그래서 나는 무엇이든 물어보면 척척 대답해주는 유식한 엄마가 되기보다 조금은 무식한 엄마가 되어 “함께 답을 찾아보자”는 말을 많이 한다. 처음에는 “어른인 엄마가 이것도 몰라?” 하면서 아이에게 핀잔을 받기도 했지만, 시간이 지나자 아이는 스스로 답을 찾아가는 즐거움을 알아가기 시작했다.

만약 아이가 “밥은 왜 먹어요?”라고 물어 온다면, 어설프게 설명해주기보다는 밥을 먹으면 어떤 현상이 일어나며, 그 현상이 우리가 사는데 어떤 도움을 주는지에 대해 이야기를 나누어 보자. 이때 되도록이면 엄마의 생각을 먼저 이야기하기보다 아이가 어떻게 생각하고 있는지 물어보는 것이 좋다.

아이는 엄마의 생각에 무척 의존하고 영향을 많이 받는다. 그러므로 스스로 생각할 수 있는 능력을 길러주고 싶다면 아이가 자신의 생각을 먼저 이야기하도록 기다려주는 것이 필요하다.

무엇보다 질문이 많아지는 3살 전후에는 자신의 행동이나 말이 맞는지 틀린지 부모나 어른으로부터 확인받고 싶어 한다. 그러므로 자신의 생각을 이야기하기보다 엄마의 말이나 행동을 흉내 내려는 경향이 강하다. 따라서 아이가 자신의 생각을 자유롭게 표현할 수 있도록 충분히 기회를 주고 기다려줄 필요가 있다. 그렇지 않으면 의존적인 아이가 되고, 독립적인 사고력이 충분히 발달하지 못할 수 있기 때문이다.

아이가 자신의 생각을 이야기하면 옳고 그르다는 판단은 뒤로 한 채 일단 아이의 생각을 칭찬해주는 것이 좋다. 그리고 난 뒤 어떻게 그런 생각을 하게 되었는지 대화를 통해 이야기를 발전시켜 나가야 한다. 그렇게 하기 위해서는 충분히 기다려주고, 아이가 어떤 대답을 해도 우선은 크게 칭찬해줘야 한다. 그래야만 자신감을 갖고 자신의 생각을 표현한다.

"아! 그래? 준영이는 그런 생각을 했구나! 정말 놀랍다. 엄마는 준영이만 할 때 그런 생각 못 했는데, 준영이 생각이 정말 놀라워. 준영이는 어떻게 그런 생각을 하게 되었을까?"

질문을 통해 아이의 생각을 더 깊고 넓게 끌고 가기 위해서는 되도록 '왜?' 라는 말보다 '어떻게?', '무엇을?' 이라는 단어를 사용하는 것이 좋다. 나 역시 어렸을 때 부모님에게 '왜?' 라는 질문을 많이 받았다. 그런데 이 '왜?' 라는 질문은 주로 혼날 때 받게 되는데, 반드시 변명을 하게 만드는 질문이다. 그러므로 되도록 '왜?' 라는 질문은 아이에게 하지 않는 것이 좋다. 그보다는 어감상 듣기에도 좋은 '어떻게?' 라는 질문이 바람직하다.

친구들과 놀다가 늦게 들어 온 아이에게 "왜 늦었니?"라고 묻는

아이의 질문에 정답만 알려 주는 똑똑한 엄마보다

아이와 함께 궁금해하며

같이 답을 찾아보는 무식한 엄마가 더 아름답습니다.

것보다 "어떻게 하다가 늦었니?"라고 물어주는 것이다.

## 아이와 대화할 때는 마음속의 모범 답안은 잠시 내려놓자

어떤 질문을 할 때, 대부분의 엄마들은 아이가 이렇게 말해주었으면 하는 모범 답안을 가지고 있다. 그런데 아이들은 엄마가 기대하는 모범 답안을 말하는 경우가 드물다. 이때 엄마 자신이 기대한 모범 답안이 아니더라도 아이가 자신의 생각대로 대답을 했다면 칭찬해주고 격려해주어야 한다. 하지만 대부분의 엄마들은 자신이 기대한 답을 하지 않으면 칭찬은 둘째 치고 화를 내거나 야단을 치고 만다.

엄마는 아이에게 어떤 질문을 할 때 아무런 선입견이 없는 상태에서 아이의 대답을 있는 그대로 들어주어야 한다. 열린 마음으로 귀를 기울이다 보면 뜻밖에 아이의 말이 참 재미있다는 것을 알게 된다. 아이들의 사고가 너무나 유연해 어른들이 미처 생각하지 못하는 말들을 마구 쏟아내기 때문이다. 그러다 보면 엄마는 이런 말을 통해 아이의 내면 세계나 아이가 원하는 것이 무엇인지도 알아낼 수 있게 된다.

준영이가 만 3살 때다. 어느 날 여자 의사가 있는 병원을 간 적이 있다. 그때 아이가 이런 말을 했다.

"엄마, 여자도 의사가 있어요? 난 남자만 있는 줄 알았어요"

생각지도 못한 말에 무척 놀랐다. 나는 아이의 생각을 더 들어 볼 수 있는 기회가 될 것 같다는 생각에 계속 대화를 이어 나갔다.

"준영이는 모든 의사가 남자일 거라고 생각했구나. 어떻게 해서 그런 생각을 하게 되었을까?"

"내가 간 소아과는 다 남자 의사 선생님이었잖아요. 그래서요"

아이는 자신의 경험에서 그런 생각을 했던 것이다. 내가 아이에게 여자 의사도 있다는 것을 말로 설명해주기 전에, 아이가 경험을 통해 여자 의사도 있다는 사실을 알게 된다는 것은 중요하다. 자기 판단에 의해 배운 살아있는 지식이 되기 때문이다.

## 아이의 질문과 몸짓을 통해 아이의 마음을 읽을 수 있어야 한다

아이의 질문에 친절히 대답해주는 것도 좋지만 아이 스스로 답을 찾도록 도와주면 얻을 수 있는 효과가 무척 크다. 준영이가 6살 무렵 삶과 죽음에 대해 많은 것들을 물은 적이 있다.

"왜 사람은 나이를 먹어 죽어야 해요?"

"나는 몇 살까지 살 수 있어요?"

"내가 서른 살이 되면 엄마는 살아 있어요? 그때는 몇 살이에요?

나는 아이가 어떻게 해서 죽음에 대해 관심을 가지게 되었는지 궁금했다. 대화를 통해 6살 이전에는 죽는다는 것에 대해 아는 것이

거의 없었다는 것을 알았다. 그리고 6살 이후에 누군가로부터 죽으면 다시는 볼 수 없다는 것과 죽음 뒤에는 천국과 지옥이 있다는 이야기를 들었다는 것을 알았다. 아이는 죽으면 엄마 아빠와 헤어지게 되어 못 보게 될까봐 겁이 나고, 자신이 죽고 나면 과연 어디로 가게 되는지에 대한 두려움을 갖고 있었던 것이다. 내가 단지 아이의 질문에 친절히 대답만 해주었더라면 아이가 무슨 고민을 어떻게 하고 있는지는 알 수 없었을 것이다.

이처럼 엄마는 아이의 질문을 통해 아이의 고민을 알 수 있다. 나아가 부모와 아이 사이에 더 많은 대화를 가능하게 하고, 아이는 엄마나 아빠에게 무엇이든지 의논할 수 있다는 믿음을 가지게 된다. 어릴 때 부모와 아이 사이에 이런 대화의 다리를 만들어 놓지 않으면 시간이 지날수록 대화는 적어지고, 사춘기가 되면 완전히 끊어지고 만다.

부모와 아이 사이의 대화의 다리는 믿음을 바탕으로 해야 한다. 무엇보다 부모에 대한 아이의 신뢰는 절대적이다. 엄마와 아빠는 언제나 자기 편일 것이라는 믿음이 아이에게는 거친 세상을 살아갈 수 있는 든든한 길잡이가 되어 주기 때문이다.


일 때문에 큰아이를 비교적 일찍 어린이 집에 맡겼다. 두 돌이 채 안 된 아이를 종일반에 맡겼는데, 일이 늦게 끝나는 날이면 아이를 데리러 가는 시간이 아주 늦었다. 그런 날이면 아이는 온 몸으로 자신의 불만을 표현했다.

어느 날 아이를 안고 집에 데리고 오니 축 늘어져 있었다. 늘어진 아이를 보면서 '참 힘든 모양이구나' 하는 생각을 했다. 학습에 대한 부담감은 제쳐두고 여러 아이들과 부대끼면서 함께 지내야 하는 것이 무척 힘들었던 모양이다. 그런 사실을 난 아이의 '몸 메시지'를 통해 알아들었다. 그 뒤 일을 줄였고, 아이와 지내는 시간을 좀 더 늘리려고 무척 노력했다.


사실 조금만 노력하면 아이의 말이나 행동을 통해 아이의 마음을 읽을 수 있다. 그런데 귀찮다는 핑계로, 잘 알아들을 수 없다는 이유로 외면하는 경우가 많다.

아이가 무슨 생각을 하는지, 아이가 바라는 것이 무엇인지 한번쯤 생각해 본다면, 마음을 비우고 아이의 반응을 살펴 본다면, 진정 아이가 원하고 바라는 것을 함께 할 수 있고, 그때 아이의 얼굴에서도 행복한 웃음이 묻어날 것이다.

그러기 위해서는 아이의 말에 귀를 기울이고, 아이에게 답을 가르쳐주기보다 아이와 함께 답을 찾아가는 과정이 필요하다.

# 대화로 모든 것을 해결할 수 있다는 믿음을 가지자

요즘에는 아이를 많이 낳지 않다 보니 아이에게 무엇이든지 해주는, 이른바 시녀를 자청한 부모들을 많이 보게 된다. 누가 어른이고 누가 아이인지 분간이 안 가는 경우도 있다. 무엇인가 잘못된 것이고, 잘못된 방향으로 가고 있는 것이 틀림없다.

그런가 하면 학벌 위주 사회라는 특성 때문에 공부만 잘하면 무엇이든지 오케이 하는 경향도 강하다. 학교에서는 공부 잘하는 학생이라면 다른 것은 못해도 전혀 문제삼지 않고, 집에서도 "너는 공부만 잘하면 된다. 나머지는 엄마가 할게" 하는 식이다.

상담이나 교육 현장에 있다 보면 이런 식으로 성장한 어른들을 만나는 경우가 자주 있다. 이런 사람들에게서 볼 수 있는 전형적인 모습은, 자신의 문제를 스스로 해결하는 힘이 약하다는 사실이다. 성인이 되면 진로 문제부터 배우자, 자녀 문제에 이르기까지 수많은 문제들을 접하게 되고 그때마다 정확한 판단력으로 해결해야 하는데, 이러한 문제를 다루거나 해결할 힘이 많이 약해져 있다는 것이다.

이뿐 아니라 대인관계 역시 미숙한 경우가 많다. 무조건 자신이 주도권을 쥐려고 하는 등 전반적으로 다른 사람들과 타협을 제대로 못하는 경우를 자주 보게 된다. 사회 생활이란 여러 사람과 두루두루 잘 지낼 수 있어야 하고자 하는 일을 원활하게 할 수 있다. 그런데 어린 시절 너무 자기 중심적으로 자라다 보니 그러한 역할을 제대로 배울 기회를 갖지 못해 대인관계에 무척 어려움을 겪게 되는 것이다.

나 역시 처음에는 몇 년 만에 얻은 소중한 아이를 귀하게 키우려고만 했다. 그런데 귀한 만큼 제대로 키워 사회 생활에 잘 적응하도록 하는 것이 중요하다는 생각에 독립적인 아이로 키우기로 했다.

귀한 만큼 엄하게 키우라는 옛 어른들의 말을 내 나름대로 해석해 스스로 자신의 일을 처리할 수 있는 아이로 키우자고 생각했다. 이런 결정을 내리고 나자 어릴 때부터 스스로 판단하고 결정할 수 있는 힘을 길러 주어야겠다는 생각을 하게 되었다.

나는 아이에게 자신의 물건들을 정리하고, 자신에게 필요한 물건들을 직접 챙기는 연습부터 시키기 시작했다. 그때가 두 돌이 지난 3살 때였다.

아이들은 대부분 20개월이 지나면 자신의 물건과 남의 물건을 구별하기 시작한다. 준영이 역시 마찬가지였다. 준영이는 17개월부터 어린이집을 다니기 시작했는데, 20개월쯤 되자 어린이집 가방을 챙기기 시작했다. 나는 아이의 그런 변화를 놓치지 않고 이렇게 말해 주었다.

"이거 준영이 거지? 그래, 우리 준영이가 메고 갈까?"

그 뒤로 어린이집에 가자고 하면 아이는 자연스럽게 가방을 챙겼다. 평생 재산이 될 수 있는 정리정돈 교육은 이때가 가장 적당하다. 어떤 물건을 놓는 자리에 계속 두면 아이는 그 규칙을 기억한다. 그래서 그 물건은 반드시 그곳에 놓으려고 한다.

준영이의 경우도 나갔다 오면 반드시 손을 닦아 주었고, 어린이집 가방은 놓는 자리를 정해 늘 그곳에 두었다. 장난감도 마찬가지였다. 자동차와 소꿉, 책, 스케치북 따위를 구분해 놓아두었더니 아이는 그 위치를 기억해 늘 같은 자리에 물건들을 정리해 놓았다.

둘째 아이도 마찬가지였다. 큰아이보다 신체적인 발육이 늦었지만 눈치는 오히려 빨랐다. 18개월부터 어린이집에 보내면서 정리정돈과 자기 물건에 대한 개념을 가르쳐 주었더니 다른 식구들의 물건도 구별해 정리하기까지 했다.

하지만 아이들의 능력에는 한계가 있다. 상황이 조금만 복잡해지면, 곧 분류해야 할 것들이 많아지면 힘들어한다. 그러므로 아이가 할 수 있는 만큼의 정리정돈을 시키는 것이 중요하다. 일반적으로 1개월 단위로 한 가지씩 늘려가는 것이 가장 이상적이다. 처음에는 자신의 가방을 챙기게 하고, 그 다음에는 장난감(종류에 따라 천천히), 그 다음에는 옷을 정리하게 하는 식으로 조금씩 늘려가는 것이 좋다.

이때 주의할 것은 물건을 정리해서 놓는 위치가 바뀌지 않도록 해야 한다는 것이다. 아이들은 물건을 놓는 위치가 바뀌면 무척 혼란스러워하기 때문이다.

## 1차 반항기, 가장 많은 대화가 필요한 시기

정리정돈을 잘 하던 아이도 5살을 지나면서 갑자가 안 하기 시작한다. 아이들이 보여주는 이런 현상을 두고 나는 개인적으로 '1차 반항기'라고 표현한다. 이때는 자아가 발달해서 자신의 생각이 많아지는 시기다. 엄마와 친해지기 위해 엄마의 요구에 무조건 따랐던 시기를 지나 이제는 자신만의 세계를 가지고 싶어 한다. 그러다 보니 '싫어!', '안 해!'와 같은 부정적인 말들을 마구 쏟아 뱉기 시작한다. 이때가 되면 많은 부모들이 힘으로 아이를 제압하려고 한다. 하지만 그럴수록 아이의 반항은 더욱 거세진다.

한편, 이 시기가 되면 남자 아이의 경우 호기심이 정점을 이루기도 한다. 신체 발육이 왕성해지면서 몸을 움직이는데 자신감이 붙는 시기이므로 무엇이든지 직접 해보려는 시도를 하기 때문이다. 이때부터 엄마와 아이의 전쟁이 시작된다. 나 역시 마찬가지였다.

큰아이와의 전쟁이 시작된 지 어느 날, 그날도 이런 저런 문제로 아이와 싸우고 있었다. 그때 갑자기 아이가 이렇게 말했다.

"엄마는 마귀할멈 같아!"

너무나 놀라 심장이 두근거릴 지경이었다. 거울을 보았다. 거울을 통해 화를 내고 있는 내 얼굴을 보니 아이가 한 말이 이해가 되었다.

'아이에게 이렇게 비쳐졌구나' 하는 생각과 함께 '아이는 자신의 잘못을 보기보디는 엄마의 일굴만 보고 있구나' 하는 생각이 들면서 방법을 바꾸어야겠다는 생각을 하게 되었다.

'그래 이제부터 준영이와 협상을 시작해야겠구나'

나는 아이에게 차를 한 잔 하자고 한 뒤 마주 앉았다.

"준영이에게 엄마가 마귀할멈으로 비춰졌다니 엄마도 슬퍼. 엄마가 어떨 때 그런 모습이 되었을까?"

"내가 엄마 말을 잘 안 들었을 때요"

"그래, 그런 것 같구나. 화내는 엄마의 얼굴이 그렇게 무서웠다니

미안해. 이제 엄마도 그런 얼굴 하기 싫은데 우리 준영이가 엄마를 도와주면 좋겠다”

“어떻게요?”

“너랑 나랑 지켜야 할 규칙을 정하면 어떨까?”

“어떤 규칙?”

“엄마는 준영이가 자신의 일을 알아서 해주면 좋겠어. 유치원 갔다 와서 손 씻고, 수저통 갖다 놔 주고, 놀고 난 뒤 장난감 정리하고”

“그것만요?”

“그래, 그 정도는 해줄 수 있니?”

“응, 그런데 친구들과 놀고 싶으면?”

“그래, 노는 것도 좋은데, 준영이가 차 조심하면서 논다는 것만 잘 지키면 돼. 그리고 아파트 단지 안에서만 놀고, 길 건너 다른 아파트로 가지 않기”

“왜?”

“준영이가 혹시 차에 치여서 다시는 못 보게 되면 엄마가 얼마나 슬플까? 준영이는 엄마의 보물 1호잖아, 그치?”

“아, 맞다! 알았어요. 엄마는 내가 없으면 슬퍼요?”

“그럼, 엄마는 준영이가 없으면 살 수 없어요”

“알았어요. 조심할게요. 그동안 엄마가 내 걱정을 많이 했구나”

아이를 키우면서 가장 무서운 유혹 중의 하나는
그냥 매를 들거나 소리를 질러
아이와의 갈등 상황을 쉽게 해결해버리고 싶은 마음입니다.
사실은 해결이 아니란걸 너무나 잘 알면서도 말입니다.

"고맙다, 준영아. 우리 조금씩 서로의 생각을 알아서 다행이다"

엄마는 진정으로 아이에게 원하는 것이 무엇이지 이야기해 주는 것이 필요하다. 아무런 설명도 없이 그저 '위험하니까 하지마' 라고 하기보다는, 그렇게 하면 어떤 결과가 오는지, 그렇게 되면 어떤 감정을 느끼게 되는지 직접적으로 느낄 수 있도록 해주는 것이 중요하다. 아이들은 경험하기 전에는 현실적으로 잘 느끼지 못하기 때문이다.

준영이가 어린이집과 유치원, 그리고 학교에 다니기 시작하면서 나는 아이가 자신의 일을 스스로 할 수 있도록 많은 격려를 해주었다. 그렇게 하기 위해서는 무엇보다 아이가 스스로 할 수 있는 것들이 가까이 있도록 해주는 것이 중요하다. 나는 수저통이나 물통을 아이가 스스로 준비해 갈 수 있도록 식탁과 정수기 높이를 아이의 키에 맞춰 주었고, 가방을 챙기고 실내화를 챙기는 것도 아이의 몫임을 강조했다.

하루는 신발 주머니를 가져가지 않았다고 전화가 왔다. 갖다 줄 수도 있었는데 아이의 부탁을 거절하고 집에 와서 가져가도록 했다. 학교에 지각을 하더라도 그 한 번의 경험이 자신의 물건은 잘 챙겨야 한다는 큰 교훈이 될 수 있도록 하기 위해서였다.

아이의 숙제가 엄마의 숙제가 되지 않고, 아이가 스스로 자신의 숙제나 준비물을 챙길 수 있도록 때로는 배려 없어 보이는 엄마의 역할도 필요하다. 다만, 엄마는 아이가 잘 해결할 수 있도록 뒤에서 든든하게 지켜봐 주면 된다.

## 아이에게 능력 이상의 것을 요구하면 대화는 불가능해진다

아이와 갈등을 일으키는 엄마들을 보면 대부분 욕심이 너무 많다. 욕심이 많으면 아이가 갖고 있는 능력 이상의 것을 요구하게 된다. 아이가 갖고 있는 능력 이상의 것을 요구해 놓고 아이가 해내지 못한다고 야단치다 보면 아이와 갈등이 생기게 되는 것이다.

그러므로 아이가 뭔가 잘 해내지 못한다는 느낌이 든다면, 혹시 능력 이상의 것을 요구한 것은 아닌지 살펴보아야 한다. 동시에 아이의 능력을 재검증하는 시간을 가져야 한다. 아이의 능력을 재검증 할 때는 엄마 혼자 생각하고 판단해서는 안 되고 반드시 아이와 진지한 대화가 있어야 한다. 그 과정을 통해서 아이가 힘들어하는 것은 없는지 살펴볼 수 있기 때문이다.

아이들은 저마다 능력이나 성향, 발달 특성이 모두 다르다. 그러므로 다른 아이가 저만큼 한다고 자신의 아이도 반드시 그만큼 해야 하는 것은 아니다. 중요한 것은 아이의 능력과 특성에 맞는 속도로 아이의 독립성을 키워주는 것이다.

# 동생을 돌볼 때
# 큰아이를 동참시켜라

큰아이 준영이를 낳은 지 4년이 넘도록 둘째가 생기지 않아 포기하고 있을 때였다. 그때는 결혼 10년차 부부가 겪을 수 있는 여러 가지 위기도 경험한 뒤라 모든 것이 허탈하고 힘들었다.

그런데 아이가 자라는 것을 보니 혼자보다는 형제가 있으면 좋겠다는 생각이 갈수록 강하게 들었다. 친구나 친지들의 죽음을 보면서 남은 자식들의 모습이 예사로 보이지 않았는데, 그런 모습을 보면서 아이가 혼자 남겨질 것을 생각하니 마음이 무척 무거웠다. 그래서 더 늦기 전에 둘째가 생겼으면 했는데 도무지 생기지 않았다.

불임 클리닉에 다시 한번 가 보면 어떨까 하는 남편의 권유도 있고 해서 어느 날 예약을 했다. 그런데 예약한 바로 그 달에 둘째 아이 찬영이가 내게 온 것이다. 이런 기쁜 일이 어디 있을까? 내 생애 자연 임신이란 없나 보다 하면서 그 어려운 시술을 어떻게 다시 받을까 고민하고 있던 내게 말로 표현할 수 없는 행운이 찾아왔던 것이다.

## 하루아침에 모든 관심사에서 밀려난 큰아이의 마음을 헤아려주자

처음에는 "여동생이었으면 좋겠다"며 준영이는 무척이나 동생을 기다렸다. 그런데 남동생이 태어나자 실망하는 눈치였다. 그리고는 "못생겼고 같이 놀 수도 없네" 하면서 더욱 실망했다.

게다가 둘째 아이의 탄생과 더불어 큰아이는 하루아침에 찬밥 신세가 되고 말았다. 큰아이에게 하는 말들은 모두 부정적이고 명령형으로 바뀌었다.

"위험하니 조심해!"

"조용히 해!"

"그렇게 하면 안 돼"

"그것도 안 돼!"

여러 가지 금기 사항들이 생겨났고, 큰아이는 친구들을 데리고 놀러오는 것도 힘들게 되었다. 그러자 조금씩 불만이 쌓여갔다. 처음에는 동생이 생긴 것이 무척 좋은 일이라고 생각했는데, 막상 자신에게 좋은 것이 하나도 없다는 사실을 알고는 동생을 다시 엄마

뱃속에 들어가게 할 수는 없냐고 했다.

그런데 시간이 흐르면서 동생이 기어 다니고, 일어나 앉는 모습을 보면서 큰아이는 또 다른 경험을 하기 시작했다. 어릴 때 앨범을 가지고 와서는 자신의 아기 시절에 대해서 묻는 경우가 많아졌다.

"나도 이랬어요?"

"그때 엄마가 나한테도 이렇게 해줬어요?"

이런 질문들을 통해 엄마가 자신을 위해 어떻게 시간을 보냈는지 이해하는 것 같았다. 그리고 새벽에 일어나 동생에게 우유 주는 것을 보면서, 자신을 키울 때도 엄마가 많이 힘들어했다는 사실을 알아차리는 것 같았다. 그리고 때로 다 큰아이처럼 "엄마, 참 힘들었겠구나" 하는 말을 하기도 했다.


둘째가 태어나자 우리 네 식구는 한 방에서 잤다. 처음 큰아이를 키울 때 남편은 불편하다며 다른 방을 썼다. 그런데 각방을 쓰면서 남편과 나는 물론이고 남편과 큰아이도 사이가 멀어졌다. 그리고 멀어진 사이를 회복하는데 많은 시간과 노력이 필요하다는 사실을 뒤에 알았다.

나는 똑같은 잘못을 되풀이하지 않기 위해 둘째가 태어나자 한 방에서 잠을 자자고 했다. 자식은 힘들게 키워야 정이 깊어진다는 생각도 있었고, 무엇보다 남편이 육아가 얼마나 힘든지 그 상황을 알아야 한다고 생각했다. 남편이 다른 방에서 자게 되면 밤새 아이 때문에 아내가 얼마나 힘들어하는지 모르기 때문이다. 그래서 힘들더라도 네 식구가 모여 잤다.

이런 과정을 통해 큰아이는 동생을 경쟁 상대로 보기보다 오히려 자신이 엄마를 도와주어야 엄마가 조금이라도 편할 수 있다는 사실을 알아가는 것 같았다. 실제로 큰아이는 훌륭한 도우미 역할을 해 냈다. 몸이 아플 때면 큰아이에게 도와달라고 부탁을 했고, 큰아이는 간단한 심부름을 하거나 동생에게 자장가를 불러 주는 등 동생을 키우는 일에 동참했다.

동생을 키우는 일에 큰아이를 동참시키자 동생을 대하는 큰아이의 태도도 많이 달라졌다. 더 이상 동생이 엄마 뱃속으로 들어갔으면 좋겠다는 말은 하지 않았다. 대신 동생을 무척 귀여워하기 시작했다.

큰아이는 동생이 싼 똥도 보여 달라고 하고, 기저귀도 갈아 주고 싶어했으며, 기저귀를 갈다가 오줌 싸는 것을 보고 까르르 웃기도 했다. 그리고 조그마한 동생의 손을 보고는 자기도 아기 때 손이 이렇게 작았는지, 엄마가 자기에게도 자장가를 불러 주었는지 끊임없이 물어 보면서 엄마가 자신에게 어떻게 애정을 쏟았는지 확인하고 싶어했다. 그리고 엄마가 자신에게도 동생 못지 않게 많은 애정을 쏟아 부었다는 사실을 확인하자 동생에게 더욱 관대해졌다.

## 서툴어도 두 아이가 대화를 통해 문제를 풀도록 이끌어라

둘째가 자라 돌이 지나자 무조건 형의 것을 탐내기 시작했다. 17
개월에 접어들면서 이런 현상은 정점을 이루었다. 작은 아이는 형
이 먹는 것은 무조건 다 먹어야 하고, 아빠나 엄마가 사주는 새 물
건은 무조건 자기가 먼저 가지고 놀아야 한다고 고집을 부렸다. 이
때문에 큰아이는 무척 스트레스를 받기 시작했다.

작은 아이가 우는 것이 시끄럽다 보니 남편은 무조건 큰아이에게
만 양보하라고 했다. 그렇다고 큰아이가 고분고분 아빠의 말을 듣
는 것은 아니었다. 하지만 동생의 시끄러운 울음소리에 큰아이는
번번이 지고 말았다.

이렇게 둘째는 집안의 악동이 되었다. 그러다 보니 새 장난감을
사면 큰아이는 동생 몰래 가지고 놀았고, 위험한 장난감들은 아예
집 안에서 갖고 놀 수 없는 것들이 되고 말았다.

둘째 아이의 고집스러움에 굴복하지 않는 사람은 나밖에 없었다.
둘째 아이는 19개월이 지나자 말귀를 잘 알아듣기 시작했다. 그때
부터 나는 시간이 많이 걸리더라도 고집 부리는 둘째를 되도록이면
대화를 통해 설득하려고 노력했다.

"찬영아, 이것은 형아 것이고, 고장 나면 안 되니 다른 것 가지고
놀자"

"와, 이렇게 재미있는 것도 있네, 이거 가지고 놀까?"

설득을 하다가 안 되면 아이의 시선이나 관심을 다른 데로 돌리는 방법을 사용하기도 했다. 하지만 그 과정도 결코 쉽지 않았다. 큰아이는 포기가 빠른 아이였지만 둘째는 집요하리만치 자신이 원하는 것을 손에 넣어야 직성이 풀리는 아이였다. 그래서 위험하지만 않다면 되도록 다양한 경험을 해볼 수 있도록 오히려 큰아이를 설득하기도 했다. 둘째가 큰아이의 장난감을 갖고 놀고 싶다고 고집을 부리면 큰아이에게 허락을 받게 한 뒤 가지고 놀 수 있도록 했다.

이런 과정을 통해 큰아이의 의사를 존중해 줄 수 있는 기회를 갖기도 했고, 큰아이는 양보의 미덕을 배울 수 있었다. 또 큰아이는 무조건 동생에게 주라고 명령하는 대신 엄마가 자신의 의사를 물어봐주는 것에 대해 무척 기분 좋아했다.

이런 과정이 몇 번 되풀이되자 큰아이는 아주 당연하다는 듯이 "그래 가지고 놀아" 하면서 자신의 장난감을 동생에게 먼저 주기도 했다. 누가 주라고 해서 주는 것보다 스스로 먼저 주게 되면, 자신의 행동을 자신이 선택했다는 생각에 기분이 좋아지고 자존감이 높아지게 되는데, 큰아이가 이런 여유를 갖게 된 것이다.


큰아이와 둘째 아이의 갈등을 보면서 내 어린 시절이 떠올랐다. 내 여동생도 늘 내 옷과 신발을 좋아했다. 그런데 동생이 입고 나갔

아기를 낳고 나니, 엄마 연습도 하지 않았는데 엄마가 되어 있었습니다.
엄마가 동생을 낳고 나니, 형이 되는 연습도 없이 아이는 형이 되어버렸습니다.
서툰 엄마 마냥, 아이도 형 노릇이 서툴기만 합니다.

다 오거나 신고 갔다 온 것에는 이상하게 표시가 났다. 조금 과장해서 표현하면, 나는 늘 새 것처럼 입고 신는데 동생에게 가면 헌 것이 되어 돌아오곤 했다. 그러다 보니 나는 동생에게 뭔가 빌려주는 것을 무척이나 싫어했다.

남의 것을 탐내본 적이 없으므로 그런 동생이 이해가 되지 않았다. 동생은 더 좋고 새 것도 많았는데 왜 내 것을 탐내는지 이해가 되지 않았다. 그런데 둘째 아이를 키우다 보니 어릴 적 내 동생이 생각났다. 그러면서 동생은 내 것이 탐났던 것이 아니라 태어나자마자 있던 경쟁 상대에 대한 시기심으로 그랬다는 것을 알게 되었다.

늘 형이 가진 것이 좋아 보이는 둘째 아이의 모습에서 늘 언니를 앞지르고 싶어 했던 동생의 모습을 떠올리면서, 부모가 형제나 자매 또는 남매를 키울 때 얼마나 말을 조심하고, 애정 표현에 있어서도 공평해야 하는지 다시 한번 깨닫게 되었다.

그래서 나는 되도록이면 큰아이와 작은 아이에게 골고루 시간을 쓰려고 노력하는 편이다. 큰아이가 "엄마는 동생만 보고 나는 봐주지 않는다"고 투정을 부릴 때면 "아직 동생은 아기니까 조금 더 시간이 지나면 준영이와도 단 둘이 있는 시간을 많이 가질게" 하는 약속을 했다.

실제로 둘째 아이를 다른 사람에게 맡기고 큰아이와 단 둘이 보내는 시간을 자주 갖기도 했다. 부모의 사랑을 독차지하다가 하루 아침에 모든 것을 동생에게 빼앗긴 큰아이의 입장에서 보면 동생이 얼마나 밉고 부모가 얼마나 야속하겠는가? 게다가 아직 어린 아이인데, 단지 동생이 생겼다는 이유로 '형답게 행동해라', '동생에게 양보해라' 는 따위의 주문 사항만 잔뜩 늘어났으니 오죽 힘이 들었겠는가!

나는 큰아이와 단 둘이 보내는 시간을 더 자주 마련함으로써 엄마의 사랑을 확인시켜 주었고, 둘째 아이에게도 형과 시간을 보내야 하기 때문에 자신의 욕구가 그때그때 채워지지 않을 수도 있다는 이야기를 차근히 설명해 주기도 했다. 아이에게 기다리는 것도 배워야 한다는 것을 가르치기 시작했던 것이다.


## 형제간의 비교는 아이들에게 씻을 수 없는 상처를 남긴다

한편, 큰아이의 숙제나 공부를 봐 줄 때도 둘째 아이가 소외되지 않도록 옆에서 그림을 그리게 연필을 쥐어준다든지, 아니면 무릎에 앉혀놓기라도 해서 큰아이 공부에 둘째 아이가 참여할 수 있도록 했다.

그리고는 형의 숙제가 끝나면 다시 같이 놀 수 있다는 사실을 이야기해 주어 때로는 기다릴 줄도 알아야 한다는 사실을 일깨워 주기도 했다.

두 아이를 키울 때는 늘 말을 조심해야 한다. 사람은 남녀노소를 막론하고 가까이 있는 사람을 경쟁 상대로 삼는 경향이 강하다. 아직 지능이 완전히 성숙하지 못한 아이들은 더욱 그렇다. 그러므로 "형은 이렇게 잘하는데 너는 왜 그렇니?"라거나 "동생은 이렇게 잘하는데 형이 돼서 왜 이 모양이니?"하는 말은 결코 해서는 안 된다.

형제나 자매, 또는 남매를 서로 비교하는 말은 아이들에게 가장 독이 되는 말이다. 흔히 부모들은 아이가 자극을 받아 더 잘할 것이라는 생각에 큰 상처가 될 만한 말들도 아무 생각 없이 한다. 하지만 이런 비교는 형제애를 돈독하게 하기는커녕 아이의 마음에 큰 상처를 남기게 할 뿐이다.

뿐만 아니라 아이들은 세계를 무대로 다른 사람들과 경쟁하고, 나아가 자기 자신과의 싸움에서 이겨내는 것을 배워야 하는데 이런 비교성 발언들은 아이를 우물 안의 개구리처럼 만들어 형제나 자매를 경쟁 상대로 생각하게 만들므로 무척 조심해야 한다.

이것은 근본적으로 그 아이의 특성과 색깔을 인정하지 않는 데서 비롯된다. 큰아이와 작은 아이를 비교해서 꾸짖는다는 것은 큰아이와 작은 아이의 차이와 특성을 무시한다는 뜻이다. 여기서부터 부모의 삐뚤어진 자식 사랑이 시작되는 셈이다.

아이마다 다른 색을 인정하고, 비교하기보다는 다르다는 점을 인정하자. 우리도 모두 다르게 자라지 않았던가! 그리고 아이들에게 자신들이 부모에게 사랑받고 있다는 확신을 받는 시간을 많이 갖도록 하고, 사랑한다는 표현을 많이 하도록 하자. 표현하지 않는 애정은 사랑이 아니라고 하지 않았던가!

# 아이들은 속마음을
# 몸으로 말할 때가 많다

둘째가 태어나면 첫째는 아주 큰아이로 취급당할 때가 많다. 따지고 보면 첫째 역시 아직 코흘리개 어린아이인데도 단지 동생이 생겼다는 이유로 한순간에 부모의 기대치는 높아지고 어른스러운 행동을 강요당하게 된다.

큰아이 준영이도 이런 과정을 겪었다. 더구나 둘째와 나이 차이가 많았기 때문에 더욱 더 형답게 행동해야 한다는 요구를 많이 받았다. 그러다 보니 혼나는 일이 많아졌고, 무거운 물건도 혼자 들어야 했으며, 혼자 해결해야 할 문제들도 늘어났다.

이런 일들이 아이에게는 많은 스트레스가 되었을 것이다. 하지만 안타깝게도 큰아이의 마음을 알아주기에는 엄마는 엄마대로, 아빠는 아빠대로 마음의 여유가 없었다. 엄마는 다시 시작하는 육아로 몸과 마음이 지쳐있었고, 아빠는 갓 태어난 둘째 아이가 마냥 이쁘고 사랑스럽기만 했기 때문이다.

## 엄마의 관심이 부족해지면 아이는 몸살을 앓기 시작한다

큰아이가 나름대로 잘 견뎌준다고 생각하고 있던 어느 날, 머리가 아프다고 했다. 초등학교에 들어간 지 얼마 지나지 않았을 때였다. 특별히 내색을 하지 않았기 때문에 학교에 잘 적응하고 있는가 보다 생각하고 있었다. 그런데 힘이 들었나 보다. 고열과 잦은 설사, 구토를 하면서 학교 가는 것을 힘들어했다. 큰아이는 학교에 가는 대신 병원을 왔다 갔다 하면서 휴식 시간을 마음껏 누렸다. 그리고 엄마의 사랑과 관심도 듬뿍 받았다.

일반적으로 초등학교에 들어간 아이들은 걸핏하면 아프다는 하소연을 많이 한다. 이것은 많은 경우 엄마의 사랑과 관심을 받기 위한 것일 때가 많다. 그러므로 아픈 만큼 아이가 더욱 성장할 것이라고 믿으면 된다. 실제로 며칠 동안의 몸살 뒤에 큰아이는 다시 제자리를 찾았다. 쉬는 동안 충분히 사랑받고 영양 공급을 받았기 때문이다.

아이들도 스트레스를 받는다. 예전에는 아이들이 무슨 스트레스야 했지만 요즘 부모들은 이것을 실감한다. 아이들은 스트레스를 받으면 몸으로 표현한다. 자신이 무엇을 어떻게 느끼는지 말로 표현하기 힘들기 때문에 몸으로, 곧 아픈 것으로 드러내는 것이다.

초등학교에 들어가고부터 큰아이는 밖에서 노는 시간이 많아졌다. 그러면서 내 시야에서 멀어져갔다. 나 또한 아이가 자신의 신체 위험에 대해서는 어느 정도 스스로 조심할 수 있을 것이라고 믿었기 때문에 크게 걱정하지 않았다.

그러던 어느 날, 머리가 아프다고 울었다. 이야기를 들어보니 며칠 전 헬멧을 쓰지 않고 인라인 스케이트를 타다가 넘어져 바닥에 머리를 찧었다는 것이다. 그때는 별로 아프지 않아 그냥 넘어갔다고 한다. 머리에 무슨 이상이 생긴 것은 아닌지 무척 걱정이 되었다.

동네 병원에 들렀더니 머리에 문제가 있는 것인지 아니면 감기 때문에 머리가 아픈 것인지 구별하기가 어렵다면서 하룻밤만 두고 보자고 했다. 내일이면 낫겠지 하는 생각으로 아이를 데리고 집으로 돌아왔다. 그런데 그날 밤 상태가 급격하게 나빠졌다. 아이는 심한 두통을 호소했다.

결단을 내려야 했다. 남편에게 아이를 대학병원 응급실로 데리고 가 달라고 부탁했다. 나는 둘째 아이가 내게서 떨어지려 하지 않아 꼼짝할 수가 없었다. 몇 시간 뒤 남편한테서 다급한 전화가 왔다.

아이에게서 피를 뽑을 수 없으니 내가 와야겠다는 내용이었다.

병원 응급실로 달려가니 아이는 큰 주사 바늘에 잔뜩 겁을 먹고 있었다. 다행히 내가 가는 사이 열이 내려 의사는 괜찮을 거라고 했다. 아이도 더 이상 아프지 않다며 집에 가자고 했다. 나와 남편은 상황을 조금 더 지켜보다가 아이가 더 이상 아프다고 하지 않아 집으로 돌아왔다.

그날 일을 생각하면 지금도 아찔하다. 그 일을 계기로 준영이는 자신의 안전에 대해 더욱 더 신경 쓰는 눈치였다. 놀 때도 넘어지지 않으려고 조심했고, 위험한 행동은 하지 않으려고 늘 노력했다. 나와 남편 역시 그 일을 계기로 반성을 많이 했다. 형이라는 이유로, 아직은 약한 어린아이인데 너무 큰아이 다루듯 안전 교육이나 관심이 부족했다는 생각을 했다.

아이들은 부모의 관심이 모자란 듯하면 아픈 것 같다. 그러므로 아이들이 아프다는 것은 온 몸으로 엄마와 아빠에게 '나 여기 있어요', '아직 사랑의 손길이 필요해요', '나 좀 봐 주세요' 라고 말하는 것과 다르지 않다.

## 아이가 아프다고 할 때는 엄마의 사랑과 휴식이 필요할 때다

아이들은 늘 걱정거리를 만들어주면서 자란다는 말이 있다. 아이를 키우다 보면 이 말이 참 맞는 것 같다.

어른들은 말은 잘 할 줄 알지만, 마음은 잘 표현하지 못합니다.
아이들은 말은 잘 하지 못하지만, 온 몸으로 마음을 표현합니다.

조카 태완이도 그렇게 자신의 일을 잘 챙기고 실수를 안 하는 아이가 어느 날 학원에서 다친 적이 있다. 그것도 앞니를 아주 많이 다치는 바람에 오랫동안 무척 고생했다. 여동생은 이제 다 키웠다는 안도의 숨을 쉬려는 찰나에 그런 경우를 당하게 된 것이다.

'나 아직 엄마의 손길이 필요한 아이예요' 라는 메시지를 보내기라도 한 듯, 태완이는 치료를 받는 동안 엄마와 아빠의 애정 어린 보살핌을 듬뿍 받았고, 오래지 않아 다시 건강한 모습으로 되돌아왔다.

어른도 날마다 나가야 하는 회사에 나가기 싫을 때가 있고, 다람쥐 쳇바퀴 도는 생활이 지겨울 때가 있는데 아이들이라고 그렇지 않겠는가? 그러므로 아이가 아프다고 호소할 때에는 아이들에게 휴식과 관심이 필요할 때라는 사실을 알아차리고 애정과 사랑을 쏟아부어야 한다. 사랑을 듬뿍 받고 나면 아이들은 또 다시 세상으로 나가 자신의 길을 씩씩하게 걸어가기 때문이다.


아이들은 언제나 엄마와 따뜻한 교감을 원한다. 심지어 어른이 된 우리도 아플 때면 엄마의 냄새가 그리울 때가 있다. 아이들은 아직 많은 사랑과 보살핌이 필요한 나이다. 더 많이 안아주고 사랑해주자.

# 아이들은 누구보다 엄마에게 존중받고 싶어 한다

아이들에게 늘 좋은 말로 이야기해야 한다는 것은 누구나 잘 아는 사실이다. 그런데 살다 보면 그게 잘 안 된다. 신경써야 할 일들이 너무 많다 보니 잠깐이라도 조심하지 않으면 짜증 섞인 말들이 불쑥불쑥 튀어 나온다. 다행히 한두 마디로 끝나면 좋은데 아차! 하는 사이에 벌써 대포를 날려버리는 경우도 많다. 이럴 때면 아이에게 입힌 상처를 어떻게 감당해야 할지 몰라 당황하기도 한다.

솔직히 큰아이를 키울 때 힘이 들면 짜증도 많이 내고, 어린 시절 어머니에게서 들었던 말들을 아무 생각 없이 내뱉곤 했다. 그 말이 아이에게 얼마나 큰 상처를 주는지 생각해 보지도 않고 말이다. 그런 말들은 대부분 나 자신도 지독히 듣기 싫어하던 말들이었고, 그 말 때문에 상처도 많이 받았던 그런 말들이었다. 그런데 나 역시 아이에게 그런 말을 하고 있었던 것이다.

"참 바보 같이 우는구나"

"얘는 왜 이렇게 엄마를 귀찮게 하는지 몰라"

"나 좀 편하게 해주면 안 되니? 이상하게 너는 왜 내가 힘들 때 꼭 더 힘들게 하냐?"

"제발 효자 좀 돼 봐라"

"아이구 지겨워, 무자식 상팔자라더니"


부모 교육을 받으면서 비로소 나는 아이에게 한 수많은 실수들과 내 어린 시절을 떠올리게 되었다. 그 과정을 통해 내가 내뱉은 무수한 말들이 아이에게 어떤 영향을 미쳤는지 다시 한번 생각해 보는 계기가 되었다.

나 자신도 어릴 때 어머니가 이런 말을 하면 무척 듣기 싫어했고, 내 자존감을 다치게 하는 말들이라는 것을 느꼈다. 그런데 나 역시 아무 생각 없이 똑같은 말로 똑같은 상처를 아이에게 주고 있었던 것이다. 생각하면 할수록 아이에게 미안하다.

부모 교육을 받던 첫 날, 나는 큰아이를 안고 미안하다고 고백했다. 아이는 뭔지도 모른 채 눈이 둥그레졌다.

"준영아, 엄마가 너에게 참으로 미안해. 그동안 좋은 말로 네게 이야기할 수도 있었는데, 엄마가 힘들다는 이유로 말과 행동으로 짜증과 화를 많이 냈어. 이제 엄마가 잘 해볼게. 사랑한다"

아이는 영문도 모른 채 엄마가 안아주니까 좋아하기만 했다. 이때가 15개월 되던 때였다. 그 뒤로 나는 달라지려고 많이 노력했다. 그렇다고 짜증을 안 내고 위협적인 말들을 안 한 것은 아니지만, 내 감정 때문에 아이를 혼냈을 때는 시간이 지난 뒤 꼭 미안하다는 말을 했다.

## 아이가 자랄수록 더욱 예의를 지켜 말해야 한다

아이가 자라면 아이를 대하는 엄마의 말투도 점점 달라지기 시작한다. 나 역시 마찬가지였다. 아이와 대화를 할 때 점점 더 퉁명스럽게 변하는 내 모습을 볼 수 있었다. 사내 아이다 보니 자연스럽게 그렇게 되는 것 같았다.

어느새 집안에서 부드러운 말투는 사라지고 언제나 퉁명스럽거나 명령조의 말들만 오가기 시작했다. 그러던 어느 날 큰아이가 이렇게 말했다.

"내게도 이쁜 말 써 주세요"

"응? 이쁜 말? 준영이한테 누가 나쁜 말 썼니?"

"아뇨, 찬영이한테는 이쁜 말로 해주면서 나한테는 왜 화난 것 같이 말해요?"

큰아이는 내가 동생에게 하는 말을 듣고 섭섭했던 모양이었다. 그러고 보니 큰아이도 아직 어리지만 동생에게 엄마가 부드럽게 하는 말이 듣기 좋았나 보다.

아이의 그 한 마디에 나는 또 반성하게 되었다. 어른인 나도 다른 사람이 부드럽게 말해 주면 좋은데 왜 큰아이에게는 그렇게 딱딱하게 말했는지. 그동안 큰아이가 무척 서운했을 것 같았다.

사실 둘째를 낳고부터는 큰아이를 어른스럽게 대해주려고 나름 대로 신경을 썼다. 그런데 그것이 오히려 아이를 더 서운하게 했던 것 같다. 특히 준영이처럼 섬세한 아이는 눈물이 많은데, 그런 모습이 같은 남자인 아빠가 보기에는 남자답지 않게 보여 마음에 들지 않았다. 그러다 보니 울기만 하면 늘 야단을 쳤다.

"바보 같이 사내 녀석이 울기는?"

"동생한테 맞고 우는 형도 있냐? 너 바보냐?"

남편은 가끔 이런 말로 큰아이에게 상처를 주었다. 사실 어른들이 아무 생각 없이 아이들에게 하는 '바보야' 라는 말은, 아이에게는 심한 욕설과 다름 없다. 따라서 바보라는 말을 들은 아이는 무척이나 속상해한다.


어느 날 작은 아이가 형이 만들어 놓은 레고를 부순 일이 있다. 순식간에 벌어진 일이었는데, 큰아이는 힘들게 만든 자신의 작품이 순식간에 부서지자 너무 속상했는지 울고 말았다. 이것을 본 남편이 바보 같이 동생이 그런 것 가지고 운다고 야단을 쳤다.

큰아이는 힘들게 만든 것이 부서진 것도 속상한데, 놀리는 아빠 때문에 더욱 속상해서 큰 소리로 울기 시작했다. 그러자 남편은 또 야단을 쳤다. 큰아이는 자기 방으로 들어가 소리나지 않게 울었다.

나는 동생을 데리고 큰아이를 달래주러 들어갔다. 그런데 작은 아이가 미안하다는 표현을 한답시고 형의 손을 꽉 잡았는데, 손톱 때문에 큰아이는 아파서 또 울어버렸다. 그 순간, 동생 때문에 우는 큰아이가 내 눈에도 형답지 못하다는 생각이 들었다. 머리로는 속 상해하는 큰아이를 달래주고, 큰아이의 섭섭한 마음에 공감해 주어야 한다고 생각하면서도 밖으로 내뱉는 말은 엉뚱하게도 상처를 주는 말들이었다.

"너 정말 바보 같구나, 동생 때문에 그렇게 우냐?"

그러자 큰아이가 갑자기 정색을 하고 말했다.

"내가 바보같다구? 엄마도 아빠도 다 나 보고 바보래"

큰아이는 더 크고 서럽게 울기 시작했다. 아차! 싶었다. 불난 집에 기름을 부은 꼴이었다. 조금만 더 생각해 보았더라면 그런 말을 하지 않았을 텐데. 큰아이의 나이는 생각하지 않고 단순히 동생이 있는 형이라는 생각에 마치 철이 다 든 아이처럼 행동해 주기를 기대

아이는 '존중'이란 말의 의미는 모르지만,
엄마가 자신을 존중해주는지 아닌지는 신기하리만치 잘 압니다.

했던 것이다.

"준영아, 엄마는 준영이가 씩씩한 형아였으면 해. 그런데 동생 때문에 자꾸 우니까 속상해서 그랬단다. 우리 준영이 바보 아니지, 그 말은 취소할게"

"잉잉잉"

"준영이가 힘들게 만든 장난감을 동생이 부숴버려서 속상했지? 속상한데 엄마 아빠가 준영이한테만 뭐라고 해서 더욱 속상했구나. 찬영이 너, 이제 형아 장난감 그렇게 부수면 엄마한테 혼나!"

작은 아이는 그래도 여전히 싱글벙글이다.

"준영아, 저 봐 찬영이는 아직도 사태 파악이 안 되나 보다. 아직 어려서 말을 잘 이해하지 못하는 찬영이 때문에 네가 고생이다. 동생이 조금 더 크면 준영이 말을 잘 들을 거야. 준영이도 태완이 형 많이 속상하게 했잖아, 알지? 그래도 태완이 형도 준영이 많이 이뻐해주고 양보해 주었지?"

"응..."

"자 이제 기분이 풀렸니?

"네..."

"찬영아, 이리 와. 엄마랑 다시 만들어보자"

아이들은 자신의 속상함만 알아주면 곧바로 감정을 추스를 수 있을 정도로 현명하다. 아이들의 능력은 어른들이 생각하는 하는 것

보다 훨씬 대단하다. 사고나 감정이 어른들보다 탄력적이고 융통성
이 있기 때문이다.

그 뒤로 큰아이는 동생이 무엇인가를 원할 때는 그냥 주고 말았
다. 싸워 봤자 시끄럽다는 것을 깨달았기 때문이다. 그리고 동생이
보지 못하도록 감출 줄도 알았고, 동생에게 위험한 물건이라 생각
하면 알아서 집에 가지고 오지 않았다.


아무런 설명도 없이 무조건 동생에게 양보하라고만 하는 것은 아
이에 대한 예의가 아니다. 그렇게 하면 아이는 늘 속상하기만 하고
왜 동생에게 양보해야 하는지 잘 이해하지 못하게 된다.

그런데 자신이 직접 동생과의 갈등을 겪고, 대화를 통해 갈등
을 풀어보는 과정을 경험하고 나면 어떻게 대처해야 할지 스스로
방법을 생각해 내게 된다. 그리고 왜 양보를 해야 하는지도 알게
된다.

한편 나 역시 자기에게도 이쁜 말을 써달라는 말을 듣고 큰아이
가 얼마나 사랑과 존중을 받고 싶어하는지 알게 되었다. 동생이 태
어나 자신의 위치가 불안해지고, 늘 자기 차지라고 알고 있던 모든
이의 사랑과 관심이 동생에게 쏠리는 것을 보면서 불안하고 견딜
수 없을 정도로 슬프기도 했을 것이다. 그러므로 이 작은 소동은 내
게 있어 큰아이의 존재 가치를 다시 생각하는 계기가 되었다.

말에 모든 것이 포함될 수는 없지만 마음을 표현하는 대표적인 것이 말인 것은 사실이다. 그래서 나는 오늘도 부드러운 말로 아이를 교양 있게 타이른다. 그러다가 어떤 때는 본성대로 소리를 지르기도 한다.

그러나 이젠 아이들이 원하는 것이 무엇인지 분명히 알았기 때문에 예전처럼 싸움이 잦지도 않고, 싸우고 나면 서로의 감정을 잘 토닥여 주기도 한다. 그리고 같은 인간으로서 늘 노력하면서 살자고 아이들에게 말하기도 한다.

# 말대꾸는 아이의
# 지적 성장을 가늠하는 잣대

어렸을 때 가장 이해가 안 되는 것이 '말대꾸 하지 말라'는 말이었다. 맞는 말을 하면 어른들은 늘 그렇게 말했다.

"어른이 말하는데 왜 말대꾸야! 무조건 '네'라고 대답해야지. 무슨 말이 그렇게 많아!"

나는 이 말을 도저히 이해할 수 없었다. 왜 어른들은 내 생각을 들으려 하지 않을까? 그런 면에서 내겐 참 좋은 아버지가 있었다. 늘 자상하셨고, 가족의 의견을 존중해주었기 때문에 다른 아이들보다 사람들과 대화하는데 거리낌이 없었다. 적어도 "어른이 부르면 무조건 '네'라고 대답하고 바로 움직여야지, 왜 대답을 바로 안 하냐?" 같은 말은 듣지 않고 자랐기 때문이다.

## 말대꾸는 자신만의 논리를 갖춰가기 시작했다는 반가운 신호다

큰아이가 자라 말귀를 알아듣게 되자 남편은 아이에게 이것저것 많은 것을 요구하기 시작했다. 공부에 관해서는 별로 기대를 하지 않았기에 따로 요구할 만한 것이 없었지만, 어른이 말을 하면 바로 대답해야 한다거나, 어른이 말을 하는데 '왜?' 라고 토를 달면 안 되고, 말이 떨어지면 바로 움직여야 한다는 것들이었다. 내게는 그런 요구들이 이상하게 보였다.

큰아이도 이상하게 생각하는 것은 마찬가지였다. "왜 아빠는 안 하면서 나보고만 하라고 해요?" 하거나 "아빠가 할 수 있는 일을 왜 내게 시켜요? 자기 일은 스스로 하라고 했잖아요!" 하면서 내가 어렸을 때 어른들이 말대꾸라고 하던 그런 말들을 하기 시작했다.

이처럼 자신의 의사 표현을 하기 시작하면서 아이와 남편은 자주 실랑이를 벌였다. 재미있는 것은, 아이의 말이 틀리지 않다는 것을 내가 느끼고 있다는 점이었다.

그런데도 나 역시 어느 순간 힘으로 또는 어른이라는 이름으로 아이를 누르려 했던 일들이 많았다. '너는 아이고 나는 어른이니 무조건 내 말을 들어야 한다' 는 식이었다. 이 얼마나 모순된 일인가? 단지 부모라는 이유로 아이의 생각을 무시하고 무조건 자신의 말에 따르라고 요구한다는 것은 일종의 '폭력' 이다.

남편은 아이와의 실랑이가 잦아지면서 뭔가 새로운 사실을 깨달은 것 같았다. 그리고는 '자식이 무섭다'는 말도 하고, 옛말 그르지 않다면서 '자식 무서워서라도 내 몸가짐을 잘 해야겠다'는 말도 했다. 그러면서 밥 먹고 난 뒤 빈 그릇을 설거지통에 갖다 놓거나, 벗은 옷을 빨래통에 갖다 넣는 등 긍정적인 변화를 보이기 시작했다.

아이들이 점점 자라자 남편은 술을 마시며 늦게까지 놀다가도 아이들에게 모범을 보여야 한다면서 일찍 들어오려고 노력했다. 아내의 백 마디 잔소리보다 아들의 커다란 눈망울이 더 무서웠던 게다.

참 고마웠다. 그냥 아이 말이라고 무시하고 넘어갈 수도 있었을 텐데 스스로 노력하는 남편의 마음가짐이 내심 고마웠고, 아이들이 자라 어른이 되면 아빠의 모범을 본받아 원만한 가정을 꾸릴 수 있을 것이라는 기대를 갖게 되었다.

사실 가장 가까운 사람이 가족이지만, 따지고 보면 가장 어려워하고 예의를 지켜야 할 사람이 가족이다. 하지만 대부분의 사람들은 "가족끼리 어려워하지 않아도 별 문제 없이 살아왔잖아?" 라고 말한다.

그런데 한번 되돌아보자, 진짜 문제가 없었는지. 가장 소중한 사람에게 얼마나 많은 억지를 부리며 살아왔고, 지금도 그렇게 살고 있는지 생각해 볼 필요가 있다. 가족이라는 이유로 '너만은 나를 이해해야 한다'고 말하는 것은 가장 가까운 사람을 가장 힘들게 하는 말이다.

다른 사람이 내가 될 수 없고, 내가 다른 사람이 될 수 없다. 부모와 자녀 사이는 더욱 그렇다. 자녀는 부모의 소유물도 아니고 마음대로 조종할 수 있는 로봇도 아니다. 아이들은 부모의 가장 소중한 보물이면서 동시에 가장 존중해야 할 존재들이다. 그런데 부모들은 이런 사실을 자주 잊고 산다. 아직 어리기 때문에 보호해야 한다는 이유로 또 가족이라는 이유로, 함부로 하고 자기 마음대로 조종하려고 한다.

## 예의있는 말대꾸를 권장하라

아이를 힘으로 밀어붙이려고 하면, 아이는 자기보다 조금이라도 힘센 사람에게는 굴복하고, 자기보다 약한 사람에게는 군림하려는 성향을 갖게 된다. 진정한 인간관계의 참 모습을 경험하기도 전에 힘의 원리를 배우게 하는 큰 실수를 저지르게 되는 것이다.

반대로 아이가 자신의 의사 표현을 자유롭게 할 수 있다는 것은 아이가 존중받을 수 있는 곳에서 자라고 있다는 증거다. 또한 높은 자존감을 갖고 있다는 뜻이기도 하다. 이런 분위기에서 자란 아이는 언제나 정확한 판단력으로 올바른 선택을 할 수 있게 된다. 외부의 압력에 의해 지배를 받는 것이 아니라 스스로의 판단에 따라 선택할 수 있는 자주적인 사람으로 성장했기 때문이다.

이런 의미에서 나는 아이들의 말대꾸를 권장하는 사람이다. 사실 어른들이 '말대꾸'라고 표현하는 것은 어른들의 말에 토를 단다는 뜻으로 버릇없어 보이는 것을 말한다. 그런데 이것은 제대로 된 대화 방법을 배워보지 못한 것에서 생기는 오해다.

자신의 의견만이 옳다고 우긴다든지, 남의 의견은 무조건 틀렸다고 하는, 대화라기보다는 일방적인 자기 주장을 많이 경험한 이전 세대에서는 자기 주장에 대한 올바른 인식이 없는 경우가 많다. 이런 사람들에게 있어 아이의 자기 표현은 말대꾸로밖에 보이지 않게 된다.


상담 프로그램 중에 '자기주장 훈련'이라는 것이 있다. 자기 표현을 잘 하지 못하는 사람들을 위한 훈련 프로그램이다. 현대인들은 똑소리나게 자기 표현을 하면서 산다고 생각하기 쉽지만, 막상 자기 표현을 잘 하고 사는 사람들은 많지 않다. 자기 생각을 분명하게 얘기하다 보면 고집이 세다느니 건방지다느니 하는 말을 들어야 하기 때문이다. 그러다 보니 되도록 표현을 안 하고 사는 경우가 많다. 그 결과 속병이 들거나 쌓여있던 감정이 한꺼번에 폭발해 문제가 커지고 나면 상담실을 찾아와 자기 주장 훈련을 받게 되는 것이다.

그런데 오랫동안 몸에 밴 습관을 하루아침에 바꾸기란 쉽지 않다. 그래도 프로그램을 통해서라도 자기 표현 훈련을 하는 사람들

세상에 '말대꾸'란 없습니다.
'말대꾸'란 말로 눌러버리고 싶은 어른들의 억지가 있을 뿐입니다.
얄밉게만 보이던 말대꾸!
조금만 시각을 바꾸면, 말대꾸 속에 아이의 생각이 자라는 것이 보입니다.

은 대화의 패턴을 새로 배움으로써 대인관계에 많은 도움을 받지만, 이런 것이 있는 줄도 모르는 사람들은 계속 병을 안고 산다.

문제는 자기 자신만 병드는 것이 아니라 아이들에게 이런 병을 고스란히 물려줄 수 있다는 데 심각성이 있다. 힘이 센 사람으로부터 받은 스트레스는 다시 힘이 약한 사람한테로 가는 경향이 있기 때문이다. 이렇게 악순환이 계속 되풀이되면 어떻게 되겠는가?

아이들의 자기 표현을 말대꾸라 하여 원천적으로 막아버리는 것은 바로 이런 악순환에 해당한다. 말대꾸를 못하게 해서 자기 표현을 제대로 하지 못하고 자란 아이는 어른이 되면 마찬가지로 아이들에게 말대꾸를 못하게 하기 때문이다. 이러한 악순환을 끊기 위해서는 말대꾸를 부정적으로 볼 것이 아니라, 아이의 정당한 자기 표현으로 생각해주는 시각의 전환이 필요하다. 여기에 아이가 자신의 의사를 표현할 때 태도상 주의해야 할 점만 가르쳐주면 된다.

## 아이의 질문은 아이의 수준에서 이해해야 한다

준영이는 평가를 하려 드는 아빠보다는 엄마를 더 편안하게 생각한다. 그래서 그런지 내게 와서 이런 저런 이야기를 많이 쏟아놓는다. "혼낼 거지요?" 하면서도 자신이 잘못한 이야기를 먼저 한다든지, 학교에서 있었던 이야기, 놀면서 친구들과 있었던 일들을 조잘조잘 이야기한다.

무엇보다 자기 전에 이야기를 많이 한다. 나는 아이의 말에 "그래?", "응", "그렇구나!" 하는 반응을 보이면서 가만히 들어준다. 그러면 아이는 더욱 신나하며 자신의 속마음까지 털어 놓는다. 이런 이야기를 통해 나는 아이의 하루를 엿보기도 하고, 아이의 속마음을 읽기도 한다.

요즘에는 남편도 아이들의 말을 잘 들어주려고 노력하는 것 같다. 그러다 보니 예전에는 아빠와 별로 이야기를 하지 않았는데 시간이 갈수록 아빠와 이야기를 많이 한다. 아이들과 가까워지려고 부단히 노력한 남편의 성과물이다.

우리나라 남자들의 성장 배경을 보면 부모님과 오손도손 이야기를 하면서 자란 경우는 참 드물다. 그러다 보니 아빠가 되어도 아이들과 대화하는 것이 서툴 수밖에 없다. 그러므로 엄마가 이해하고 도와주어야 한다.


어느 날 사극 드라마를 보고 있던 큰아이가 내용 이해가 안 되는지 아빠에게 물어본 적이 있다. 그러자 남편은 재미있게 드라마를 보고 있는데 말도 안 되는(자기 생각에) 질문을 하니까 화가 났는지 "너는 그것도 모르냐? 생각 좀 하고 물어봐라"는 식으로 대꾸하고 말았다.

큰아이는 진정 궁금해서 물어보았는데, 어른의 눈에는 너무 뻔한 것이다 보니 남편은 아무 생각 없이 그렇게 말했던 것이다. 아직 아이의 사고 능력이 어른만 못하다는 것을 남편이 잠시 잊어버렸던 모양이다.

가끔 부모들은 잊어버리는 것이 있다. 아이들의 사고 능력이 어른과 비슷해져 말귀를 잘 알아듣고, 철이 들어 비교적 완전한 논리를 갖추어 말할 수 있으려면 적어도 중학생 정도는 되어야 하며, 추상적인 사고를 할 수 있기 위해서는 고등학생 정도는 되어야 한다는 사실을 말이다.

이런 사실을 자주 잊어버리다 보니 늘 자신의 입장에서 아이의 질문을 분석하는 경우가 많다. 그러다 보니 아이들의 질문이 엉뚱하고 한심하기 짝이 없게 보이는 것이다. 이렇게 아이는 나름대로 진지하게 물어 보았는데 부모가 해주는 답변은 자상한 설명이 아니라 면박인 경우가 허다하다.

이런 면박이 자주 되풀이되면 아이는 더 이상 질문하지 않게 된다. 질문을 하지 않는다는 것은 대화가 사라진다는 것을 뜻한다. 이런 상황이 굳어지면 아이는 마음의 빗장까지 닫아버리게 된다. 그때는 아무리 부드러운 말로 아이에게 접근해도 이미 돌이킬 수 없을 정도로 늦어버린 경우가 많다.

부모는 아이의 말에 늘 진지하게 귀를 기울일 줄 알아야 한다. 이것이 자녀와 대화를 많이 할 수 있는 가장 기본적인 기술이다. 이것은 그저 주어지는 것이 아니다. 타고 나는 것도 아니다. 부단한 노력으로 길러지는 일종의 기술이다.

사극 드라마가 끝나고 큰아이는 자기 방으로 갔다. 나는 남편에게 넌지시 말한다.

"아직 어린아이니까 잘 이해할 수 있도록 조금 더 친절하게 설명해 주면 좋겠어요"

그리고 큰아이 방으로 가서 부드럽게 말해준다.

"네가 만화 영화를 재미있게 보고 있는데 동생이나 엄마가 자꾸 말 시키면 너는 어떻겠니? 짜증나겠지?"

이렇게 물어봐 줌으로써 아빠의 퉁명스런 대답에 상처를 입었을지도 모를 아이의 마음을 풀어준다.

대한민국 엄마들은 아이와 남편 사이에서 중재 역할을 하느라 너무 힘들 때가 많다. 그러다 보니 남편을 포함해서 '애 몇을 키운다'는 말이 우스개처럼 떠돌기도 하는 것이다. 실제로 가정 생활을 하다 보면 남편이 아주 덩치가 큰아이로 생각될 때가 있다. 그렇지만 어쩌겠는가? 여자들의 타고난 배려심과 모성애로 아이들과 아빠에게 부드러운 대화법을 선사해야 하지 않겠는가?

# 아이의 다양한 표현에 관심을 가져야 한다

사람은 태어난 지 적어도 15개월 이상 되어야 한두 마디의 말을 할 수 있다. 그러다가 두 돌이 지나면서 어휘력은 빠르게 발전한다.

그런데 아이가 말을 잘 하기 전에도 엄마는 아이와 의사소통이 되는 것을 경험할 수 있다. 잘 들으려고 노력만 하면 아이의 말을 알아들을 수 있다는 이야기다. 그런데 참을성이 부족한 어른들은 아이의 이야기를 끝까지 들어주지 못하고 짜증을 내는 경우가 많다.

아기는 기본적으로 우는 것으로 자신의 의사를 표현한다. 그런데 대부분의 아빠들은 "왜 이렇게 애가 칭얼대느냐"며 불평을 한다. 칭얼대고 보채는 것은 아이에게는 언어다. 자신이 원하는 것을 빨리

해 달라는 뜻에서 울고 짜증을 내는 것이다. 그러므로 일단 아이가 칭얼대거나 울면서 짜증을 부릴 때는 아이의 뜻을 알아들으려고 노력해야 한다. 그리고 부모도 아이를 이해하려고 노력하고 있다는 표현을 해주어야 한다.

원하는 것이 많은 아이일수록 많이 칭얼댄다. 주는 대로 그냥 받기만 하는 아이는 원하는 것이 별로 없으니 잘 칭얼대지도 않는다. 그러므로 왜 이렇게 보채느냐고 짜증내기 보다는 "응, 우리 아기가 원하는 것이 있는데 엄마가 잘 못 알아들어서 짜증이 났구나? 엄마도 네가 무엇을 원하는지 바로 알고 해주었으면 좋을 텐데 잘 알 수가 없어서 엄마도 속상하네" 하면서 아이의 마음을 읽어주려고 노력해야 한다. 왜냐하면 아이는 말은 못해도 느낌으로 엄마가 하는 얘기를 알아들을 수 있기 때문이다.

## 울고 칭얼대기, 아기들만의 아름다운 언어

나도 처음에는 아기들의 언어를 잘 알아듣지 못했다. 특히 큰아이와 달리 작은 아이는 칭얼대거나 어리광도 많았다. 그래서 버릇이 좋지 않거나 제 고집만 부리는 나쁜 습관을 타고난 것은 아닌지 고민을 했다.

그런데 가만히 살펴보니, 무엇이라고 이야기를 하다가(알아들을 수 없는 소리) 엄마나 아빠가 못 알아들으면 목소리가 커지면서 칭얼대기 시작한다는 것을 깨달았다. 그 뒤부터는 아이가 칭얼대고 고집을 피우면 뭔가 원하는 것이 있는데 상대방이 알아듣지 못해 답답해하는 신호라는 것을 알게 되었다.

그러다 보니 나는 아이의 요구에 좀 더 적극적으로 반응하게 되었다. 아이가 뭐라고 표현하면 무엇을 원하는지 잘 들어보려고 노력했다. 나아가 안 되는 것을 놓고 고집을 부릴 때는 왜 안 되는지 설명해 주기도 했다. 그래도 계속 고집을 부릴 때는 단호하게 안 된다고 말하고는 주의를 다른 곳으로 돌리는 방법을 사용하기도 했다.

남편도 처음에는 아이의 울음에 짜증을 많이 냈지만 그것이 아이만의 아름다운 언어라는 사실을 알고부터는 아이의 울음에 관심을 많이 가지기 시작했다.


큰아이의 경우, 어렸을 때는 원하는 것을 많이 표현하지 않았는데 자라면서 표현을 많이 하기 시작했다. 억울하거나 원하는 것을 해주지 않으면 울음부터 터트렸다. 말로 표현하기보다 우는 쪽을 택했던 것이다.

나 역시 어릴 때 그랬던 것 같다. 억울하거나 속상할 때 말로 어떻게 표현할지 몰라 우는 것으로 속상함이나 억울함을 풀었다. 내 생각에는 그것도 나쁜 방법은 아니었던 것 같다. 울고 나면 감정도 가라앉고 기분도 풀리는 것을 느꼈기 때문이다. 그래서 아이가 속상해하며 방에 들어가 울면 그냥 좀 울 수 있도록 시간을 준다. 그런 다음 아이 마음이 조금 진정되었다 싶으면, 아이를 무릎에 앉히고 하나씩 하나씩 아이 마음을 더듬어보는 것이다.

**이야기를 잘 들어주면 자신의 생각을 잘 표현하는 아이가 된다**

다른 사람 앞에서 자신의 생각을 자유롭게 표현할 수 있는 아이가 되려면 먼저 부모 앞에서 자신의 생각을 잘 표현할 수 있어야 한다. 그래서 남편과 나는 아이들이 우리 앞에서 자신의 생각을 이야기할 기회를 많이 만들어 주려고 노력한다.

내가 큰아이에게 표현의 기회를 많이 주면, 큰아이는 동생에게도 그대로 한다. 동생이 자신의 것을 갖고 싶어 소리를 지르기라도 하면 같이 소리 질러 싸우기보다 말로 잘 타이르고 동생을 설득해보려고 노력한다. 그러면 나는 두 아이가 자율적으로 갈등을 해결하도록 귀를 닫아버리고 만다. 단순히 시끄러움을 견디지 못해 아이들 갈등에 끼어드는 실수를 하지 않기 위해서다.

반대로 큰아이가 작은 아이에게 소리를 지르거나, '바보 같이' 라는 말을 할 때는 내 실수를 크게 느낀다. 큰아이는 내가 하던 말을 그대로 흉내 내는 것이기 때문이다.

대화에 있어 최고의 기술은

상대방의 말에 진심으로 귀를 기울여주는 것입니다.

이제라도 다시 아이에게 귀 기울여봅니다.

큰아이가 내 말을 흉내내며 동생에게 소리를 지르거나 나쁜 말을 하면 나는 큰아이에게 "너 그러면 안돼!"라고 소리치기보다 부드러운 목소리로 "그때 너도 어땠니? 너도 싫다고 울었던 것 같은데 동생은 어떨까?"하고 말해준다. 아이가 스스로 자신의 잘못을 깨닫도록 하기 위해서다. 그러면 큰아이는 쑥스러워하면서 동생에게 부드러운 말투로 "형이 놀아줄게, 우리 예쁜 찬영이"하면서 다시 좋은 형이 된다.

아이들은 깨끗한 백지 상태로 태어난다. 그런 백지에 어른들은 이런 저런 그림을 그려 넣는다. 되도록 예쁘고 따뜻한 그림을 그려 넣어야 하는데 그렇지 못한 경우도 많다. 날마다 반성하고 노력하지만 그래도 실수하는 나를 보면서 스스로 되돌아보는 시간을 갖는다. 그리고 실수에 대해서는 아이들에게도 솔직히 고백한다.


어느 날 운전을 하고 있는데 옆에 앉아 있던 남편이 갑자기 인터넷 뱅킹 비밀번호를 물었다. 갑자기 물어서인지 생각이 나지 않았다. 그러자 남편은 빈정대는 투로 '비밀번호도 못 외운다' 며 면박을 주었다.

남편은 아무 생각 없이 한 말이었지만 나는 그 말에 기분이 무척 상했다. 그런데 그 말을 듣고 깨달은 바가 크다. 별것 아닌 말에도 이렇게 기분이 상하는데, 그동안 아이들은 내가 '생각 없이' 내뱉는 말들 때문에 얼마나 맘이 상했을까 하는 생각이 들었던 것이다.

우리는 '말을 내뱉는다'는 표현을 자주한다. 아무 생각 없이 한 말이 상대방에게 상처를 줄 때 그 말은 '내뱉은 말'이 된다. 다른 사람의 감정을 고려하지 않고 생각나는 대로 말할 때 그것도 내뱉는 말이 되고 만다.

이것은 참된 의미의 '말'이라고 할 수 없다. 부모들이 "아이와 대화가 안 돼요"라고 말하는 것도 많은 경우 아이의 감정은 전혀 생각하지 않고 자신의 말만 내뱉어 버리기 때문이다.

아무 생각 없이 말을 내뱉는 부모인지, 아니면 충분히 생각하고 아이의 감정을 잘 헤아려 말하는 부모인지 한번쯤 되돌아볼 필요가 있다.

# 아이와 엄마만의
# 카페를 만들자

아이들과 대화를 할 때 가장 중요한 것은 시간과 장소다. 나는 대화하기 가장 좋은 시간을 잠자기 전이라고 생각한다. 흔히 밥을 먹을 때 대화하는 것이 좋다고 생각하지만 밥 먹는 시간대가 모두 다를 수 있고, 밥 먹는 속도도 다르기 때문에 깊이 있는 대화를 나누기가 어려울 때가 많다. 그래서 나는 주로 잠들기 전에 아이들과 대화를 많이 한다.

아이와 특별한 시간을 따로 마련해 대화를 해야겠다고 느낀 것은 큰아이가 5살 때부터다. 그 전에는 따로 대화 시간을 마련해 이야기를 해야겠다는 필요성을 느끼지 못했다. 그런데 5살이 되자 아이는 집보다 바깥에서 노는 시간이 많아지면서 자신의 생각을 많이 표현하기 시작했다. 그러다 보니 자연히 의견 충돌이 잦아졌다. 그래서 따로 시간을 내어 아이의 생각이나 생활에 대해 이야기를 듣는 시간이 필요하겠다는 생각을 했던 것이다.

유치원에 갔다 온 아이에게 "준영아 오늘 어땠어? 재미있었니?" 하고 물으면 곧잘 대답을 하던 아이가 시간이 갈수록 이야기하기 귀찮다는 듯이 "그냥", "몰라" 하는 말을 많이 했다.

안 되겠다 싶어 어느 날 따뜻한 차를 끓여 아이와 마주앉았다. 자신의 찻잔을 따로 주었다는 것에 어른 대접을 받는 듯한 지 아이는 좋아했다. 그 뒤부터 아이와 나는 가끔 우리끼리 카페라고 정한 장소에서 차를 마시며 서로 그날 있었던 이야기를 했다.

그런데 이것도 아이의 남자 성향이 강해지면서 힘들어졌다. 아이는 차가 식는 동안의 그 짧은 시간도 지루해했다. 나는 다른 방법을 생각해보았다. 그러다가 자기 전에 책을 읽어주는 것보다 그날 있었던 일을 자연스럽게 이야기하는 것이 더 좋겠다는 생각을 했다.

## 잠들기 전 아이와 나누는 행복하고 편안한 대화

내 생각은 잘 맞아 떨어졌다. 자기 위해 편안히 누운 시간에 아이는 엄마를 독차지했다는 생각에 많은 이야기들을 풀어 놓았다. 잠이 막 들기 전에 마음은 편안한 상태가 되고 차분해지므로 아이에 아이와 적금 통장을 붓고 있습니다.

이 통장에는 아이의 말에 귀 기울인 시간, 마음, 노력

아이의 말에 공감해준 엄마의 말들이 입금되어 차곡차곡 쌓여갑니다.

게는 하루를 되돌아보는 시간으로 무척 적당한 것 같았다.

그렇게 아이와 나는 잠들기 전을 이야기 하는 시간으로 삼았다. 이런 저런 이야기도 하고, 끝말 잇기를 좋아하는 아이를 위해 가끔 놀이도 했다. 그러다가 "이제 졸려 엄마, 그만" 하면서 아이는 잠들곤 했다.

둘째가 태어나면서 처음에는 큰아이도 힘들고 나도 힘들었지만, 둘째 아이가 말귀를 알아들으면서 모든 관계가 더 풍요로워졌다. 아이가 한 명일 때보다 동생이 생기자 나는 물론 큰아이도 정서적으로 더 안정적이 된 것 같다는 것을 확실히 느낄 수 있었다.

잠들기 전에 아이들끼리 몸을 부비며 놀거나, 서로 엄마를 차지하겠다고 기분 좋은 다툼을 부리면서 천진난만하게 웃을 때는 어린 시절이 떠오르곤 했다. 나 역시 어릴 때 잠들기 전에 동생들과 참 많은 이야기를 했다. 셋이 나란히 누워 장난도 많이 쳤다. 무엇 때문에 웃었는지 기억은 나지 않지만 참 재미있게 웃고 떠들었던 느낌만은 그대로 남아 있다.

큰아이와 작은 아이도 나란히 누워 무슨 말인지는 모르지만 떠들어대면서 웃을 때가 많다. 그러다가 싸우고 울기도 한다. 하지만 잠시 뒤 다시 깔깔거리며 웃는다.

잠들기 전의 이런 과정들이 우리 가족이 함께 살아간다는 사실을 실감하게 한다.

가끔은 피곤해 금방 잠들고 싶어 아이들의 장난이 번거롭고 귀찮을 때도 있지만 그래도 시끄럽다며 야단치지 않는 것은 아이들을 통해 내 어릴 적 기억을 더듬어 내가 갖고 있는 추억의 한 부분을 볼 수 있기 때문이다.

부모가 자신들의 어린 시절 기억만 잘 더듬어내도 아이들과 소통하는 것이 훨씬 수월해진다. 자신의 어린 시절에 비추어 아이의 생각과 말과 행동을 잘 이해할 수 있기 때문이다. 아이가 밉고 못마땅할 때, 자신의 어린 시절을 떠올리며 '나 역시 저렇게 하지 않았던가' 하는 생각을 하면 그렇게 밉지도, 싫지도 않게 되고 만다.

100

# 아이와 함께 행복하고 평화롭게 살아가는 연습

욕심을 버리고 나면 한결 수월해진다. 아이가 많은 것을 기억하고, 많은 것을
해낼 수 없다는 것을 인정하면 아이와 싸울 일도 줄어들고 아이의 자존심을
건드리는 말도 하지 않게 된다.

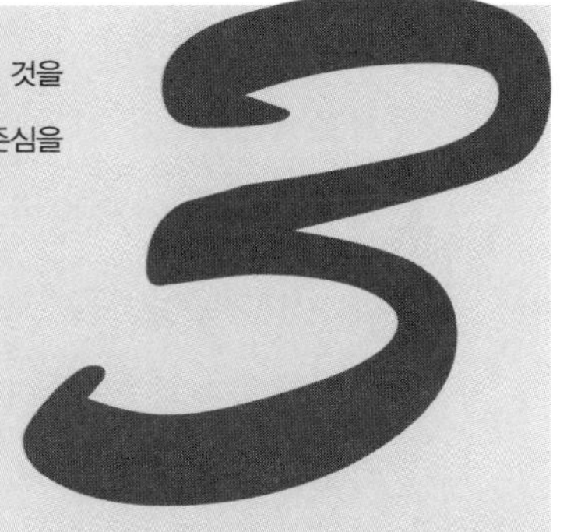

# 아빠와의 접촉을 통해 아이는 더 크게 성장한다

육아를 같이 하는 아빠는 없을까? 개인적인 경험으로는 도와주는 아빠조차 그리 많지 않는 것 같다. 그런데 '도와준다' 라는 말 자체도 문제가 있다. 육아가 엄마와 아빠가 '같이 담당해야 할 몫' 이 아니라 아빠가 엄마를 '도와준다' 라는 개념으로 자리잡고 있다는 것은 육아 문제를 오로지 여성의 몫으로 몰아붙이는 잘못된 생각의 표현이기 때문이다.

여성들이 집안에서 살림만 할 때는 그나마 육아를 담당하는 것이 여성의 몫이라고 생각할 만했다. 밖에서 힘들게 일하고 들어온 남편에게 육아를 도와달라고 하기에는 무리라는 사실을 서로가 잘 알고 있었기 때문이다.

그런데 요즘은 상황이 많이 달라졌다. 거의가 맞벌이 부부다. 여자도 하루 종일 직장에서 고되게 일하는 경우가 많다. 그런데도 여전히 육아와 살림은 여자의 몫으로만 남아있다. 남자와 똑같이 밖에서 힘들게 일하고도 집에 돌아가면 아이들을 챙겨야 하는 이중고에 시달리는 요즘 엄마들은 정말 슈퍼우먼 같다.

## 아빠를 육아에 동참시키자

사회가 많이 바뀌고 직장 생활을 하는 여성들이 갈수록 많아지고 있는 상황에서 이제는 아빠들도 육아에 동참해야 한다. 그렇다면 어떻게 아빠를 육아에 동참시켜야 할까?

피곤하다는 핑계로 아이와 함께 하는 시간을 많이 갖지 않으면 아빠와 아이의 유대 관계는 약해진다. 그러다 보면 서로 이야기할 내용도 없어지고, 남보다 못한 사이가 되어 서먹서먹해지는 경우가 많다. 이것은 아이가 자랄수록 더 심해진다. 전통 사회에서 아버지와 자녀의 관계는 대부분 이러했다.

상담을 하다 보면 가족 그림을 그리게 하는 경우가 많다. 그런데 다른 가족들은 모두 한데 모여 있는데 아빠만 따로 멀리 떨어트려 놓거나 아예 없는 경우가 있다. 일반적으로 아빠는 가족을 위해 밖에서 많은 시간을 보내는 사람이다. 그러다 보니 아이들이 아빠와

이 세상에서 아빠만큼 재미나고 안전한 놀이기구는 없습니다.

함께 하는 시간이 부족하고, 결국 아빠라는 이름은 있지만 아빠의 자리에서 사라지고 만 것이다.

아이들은 아빠와 접촉한 시간만큼 아빠에 대해 친밀감을 갖는다. 물론 양적인 시간만이 중요한 것이 아니라 질적인 시간, 곧 얼마나 즐거운 시간을 보냈는가 하는 것도 중요하다. 그러므로 가족들을 위해 밖에서 열심히 일하는 것도 중요하지만, 더 중요한 것은 가족들과의 관계라는 점을 아빠들은 잘 알아야 한다.

다행히 요즘 신세대 아빠들은 이런 사실들을 잘 알고 있는 것 같다. '아빠 학교'를 비롯해 여러 아빠들이 함께 모여 다양한 활동을 하는 모임들도 많이 생겨나고 있다. 이런 과정을 통해 아빠의 역할이 단지 돈을 벌어 가족을 먹여 살리는 차원에만 머물지 않고, 정서적으로 아빠의 역할이 얼마나 중요한지에 대해 다시 한번 생각하도록 만드는 장이 만들어지고 있는 셈이다.

## 아이의 경험 세계를 넓혀주는 아빠와의 접촉

남편은 일찍부터 좋은 아빠가 되기 위한 연습을 많이 했다. 부모 역할 훈련도 받았고, 아이와 어떻게 놀아주는 것이 좋은지 알기 위해 여러 권의 자녀 교육서를 읽기도 했다. 그런데 노력만큼 잘 안 되는 모양이었다. 사사건건 아이와 부딪히는 일이 많았기 때문이다.

4살까지만 해도 자기 주장이 강하지 않던 큰아이는 5살이 되자 갑자기 고집을 부리기 시작했다. 없는 엄마를 찾아 끝까지 운다든지, 요구하는 것을 들어달라고 막무가내로 떼를 썼다. 이런 아이에게 남편은 관대하지 않았다. 남자 아이라서 강하게 키워야 한다는 고정관념 때문인 것 같았다.

"남자는 그러면 안 돼, 울면 안 돼! 강해야 돼!"

남편은 이제 5살밖에 안 된 아이와 걸핏하면 입씨름을 했다. 이것이 많은 경우 부부 싸움의 발단이 되기도 했다. 아이가 고집을 부려 말을 안 듣는 것 보다는 그런 아이에게 막무가내로 윽박지르는 남편의 모습을 보는 것이 더 힘들었다.

이제 5살밖에 안 된 아이에게 그렇게 많은 것을 기대하면 어떻게 하느냐고, 좀 더 아이의 기분을 읽어주고 이해해주면서 달래보라고 남편에게 도움말을 많이 했다. 하지만 남편은 아이 버릇만 나빠지게 한다며 화를 내는 경우가 많았다.

이런 일이 몇 번 되풀이되자, 남편과 아이가 실랑이를 할 때 나까지 끼어들면 싸움만 더 커질 뿐 아무 도움이 되지 않는다는 사실을 알게 되었다. 차라리 모른 척 가만있는 것이 낫겠다는 생각을 했다. 그런데 시간이 흐르자 남편의 태도도 조금씩 달라져갔다. 처음에는 무조건 야단을 치고 매를 들었는데, 그렇게 해도 달라지는 것은 아무것도 없고 화만 더 난다는 사실을 알게 되면서 아이와 대화를 하려고 시도했다.

이제 남편은 아이에게 무척 관대한 아빠가 되었다. 무슨 일이든 대화와 타협을 통해 해결해간다. 그렇지만 둘째가 태어난 뒤로는 가끔 큰아이에게 형다운 면모, 남자다운 모습을 보이라며 자신의 속마음을 드러내기도 한다.


처음에는 아이를 혼내기만 하는 남편을 이해할 수가 없었다. 그런데 생각을 조금 달리 하자 이해가 가기도 했다. 앞으로 아이는 무한 경쟁 사회를 살아가야 한다. 그런 사회에서 살기 위해서는 어느 정도 강한 면이 있어야 한다. 남편은 그런 사실을 이미 경험적으로 알고 있었고, 아이에게 그것을 가르쳐주고 싶은 마음이 앞서 다소 엄하게 했던 것이다.

남편과 아이가 갈등을 일으켜도 끼어들지 않고 모른 체 하자, 자연스럽게 남자들만의 대화 시간이 생기기 시작했다. 이것은 아이의 발달 과정에서 무척 좋은 경험이라 할 수 있다. 그래서 남편이 아이를 혼낼 때면 계속해서 모른 체 했다. 다만 아이가 아빠에게 혼난 뒤 내게 위로를 받으려고 달려와 울면 모른 체 해 달라고 남편에게 부탁했다. 울분을 밖으로 드러내지 않고 속으로만 삭히면 그 울분이 가슴에 한으로 남기 때문이다.

아이에게는 자신의 감정을 쏟아낼 수 있는 대상과 시간이 필요하다. 그래서 남편과 나는 둘 중 누군가 아이를 혼내게 되면 절대 끼어들지 않기로 했다. 대신 시간이 지난 뒤 다른 한 사람이 아이의 마음을 풀어주는 것으로 원칙을 정했다.

또 아이의 마음을 풀어줄 때는 아이의 서운함만 달래주기로 했다. 아이가 엄마나 아빠에 대해 불만을 갖고 있더라도 그것을 이용해 아이를 위로해 주지는 않기로 했다. 예컨대 아이를 위로해 주면서 "아빠가 너무 아프게 때렸지?"라거나 "엄마가 너무 했구나" 하는 표현을 하지 않기로 했던 것이다.

쥐도 도망갈 구멍을 남겨놓고 몰아가라는 옛말이 있다. 아이들을 혼낼 때는 어느 정도 숨구멍을 남겨두어야 한다. 너무 몰아가면 아이가 얼마나 힘들겠는가! 그리고 혼내고 난 뒤에는 서로 간에 앙금이 남지 않도록 해야 한다. 그렇게 하기 위해서는 결코 감정적으로 혼내면 안 된다. 또 혼낸 뒤에는 반드시 아이를 감싸 안아주면서 마음을 풀어주는 시간을 가져야 한다. 아이의 마음을 풀어주는 가장 좋은 방법은 따뜻하게 안아주면서 미워서 혼낸 것이 아니라는 것을 분명히 말해주는 것이다.

## 아이에게는 아빠의 정서가 필요하다

남편은 아이와 놀 때 무척 경쟁적이다. 게임을 해도 절대 봐주는 법이 없다. 아빠와 게임하는 것을 즐거워하던 아이도 계속해서 지게 되니까 나중에는 아빠와 놀지 않으려고 했다. 그런데 좀 더 자라자 아이도 아빠에게 지지 않으려는 승부욕을 보이기 시작했다. 승부욕이 승부욕을 가르쳐준 셈이다.

이것이 엄마들의 교육 방법과 다른 점이다. 엄마들은 되도록 아이에게 져주려고 한다. 그런데 아빠들은 져주는 법이 없고 벌칙도 아프게 한다. 그러면서 차가운 승부의 세계를 미리 맛보게 하는 경우가 많다.

남편 역시 마찬가지였다. 아이에게 절대 지지 않으려는 모습을 보면 어떤 때는 철없는 아이 같다는 생각이 들기도 하지만, 이런 점이 아이와 좋은 친구가 되는 다리 역할을 하기도 한다. 실제로 아이들에게 아빠의 몸은 좋은 놀이터가 된다. 미끄럼틀도 되었다가 그네도 되고 샌드백도 되고 시계추 역할까지 해줄 때도 있다. 이 말고도 ABCD 율동이나 숫자 놀이 같은 것을 통해 아빠는 아이와 함께 몸으로 할 수 있는 여러 가지 놀이를 만들어 낸다.

이처럼 아이들은 아빠와 함께 몸으로 하는 놀이를 무척 좋아하는데 엄마인 나는 아이가 다치기라도 할까봐 늘 걱정이 앞선다. 하지만 남편은 다르다. '남자는 깨지면서 크는 거야' 하면서 아이가 신체 활동을 크게 할 수 있도록 도와준다. 그래서 아빠의 역할이 중요하다. 엄마만을 통해서 본 세상과 아빠를 통해서 보는 세상이 다르기 때문이다. 이 두 가지 세상을 다 경험해야 균형잡힌 아이로 자라지 않겠는가?

아빠들이여, 매주는 힘들더라도 한 달에 한 번 정도는 철없던 시절로 다시 돌아가 아이와 같이 놀아보는 것이 어떨까? 가족 그림에서 아빠가 귀퉁이 한 구석에 조그맣게 그려져있는 모습이 아닌 그림 한가운데서 아이와 함께 웃고있는 모습이 되고 싶다면 말이다.

# 아이의 습관을 통해
# 엄마 자신의 습관을 되돌아본다

아이들이 초등학교에 들어가면서부터 좋은 습관 들이기와의 전쟁이 시작된다. 사실 좋은 습관 들이기는 만 3살 때부터 시작하는 것이 가장 바람직하다. 하지만 대부분의 엄마들은 '좀 크면 나아지겠지', '뭐 아직 어린데 잔소리 하느니 내가 하고 말지' 하는 생각에 차일피일 미루게 된다. 그러다가 초등학교에 들어가 학교 선생님으로부터 아이의 습관에 대한 다양한 지적을 받게 되면 습관의 중요성을 깨닫기 시작한다.

아이에게 좋은 습관을 갖게 하는 것은 말처럼 쉽지 않다. 초등학교에 들어갈 나이가 되면 이른바 '머리가 굵어져' 자신의 생각대로 행동하려는 경향이 커지기 때문이다.

큰아이의 경우도 좋은 습관 들이기가 쉬운 일이 아니었다. 유치원 때, 특히 6살까지는 비교적 잘 하던 아이였는데, 7살이 되자 밖에서 노는 시간이 많아지면서 아이는 너무 바빠졌다. 그러다 보니 덤벙대기 시작했다. 바깥에서 노는 시간이 많아지면서 다른 아이들과 어울려 정신없이 돌아다니다 보니 자신이 해야 할 일도 챙기지 못했다.

어느 날 방안을 엉망으로 어질러 놓은 아이를 혼내고 난 뒤 정리정돈하는 습관을 갖게 하려고 이런 저런 잔소리를 했다. 그러자 아이는 "엄마는 잔소리장이야. 이거 해라 저거 해라"하면서 내 목소리를 흉내냈다. 그러면서 정리는 왜 자기만 해야 하냐고, 엄마가 도와주지 않는다고 투정을 부리고 신경질을 냈다. 아이가 신경질을 부리면 나는 그것을 가지고 또 야단을 쳤다. "네가 어질러 놓았으니 네가 치워야지!" 내 목소리는 갈수록 커져 갔다.

이대로는 안 되겠다는 생각이 들었다. 아이와 내가 서로 감정만 상할 뿐이었다. 나는 다른 방법을 찾아보았다. 일단 잔소리장이가 되는 것을 두려워하지 않기로 했다. 잔소리장이가 되더라도 아이가 좋은 습관을 가질 수만 있다면 기꺼이 잔소리장이가 되어야겠다고 생각했다.

단, 아이를 따라 다니면서 쉼 없이 내뱉는 아무 효과도 없는 잔소리가 아니라, 좀 더 절도 있으면서 경제적인 잔소리를 하기로 했다.

아이가 자신의 할 일을 잊었을 때 그것을 상기시켜 주는 역할을 하기로 마음먹었다. 그리고 아이의 수준에 맞게 한 달에 하나씩만 좋은 습관을 들이기로 계획을 세운 뒤 아이와 의논을 했다.

욕심을 버리고 나니 한결 수월해졌다. 아이가 많은 것을 기억하고, 많은 것을 해낼 수 없다는 것을 인정하고 나니 아이와 싸울 일도 줄어들고 아이의 자존심을 건드리는 말도 하지 않게 되었다.

좋은 습관 들이기는 시간이 많이 걸리는 작업이다. 그리고 아이 몸에 그 습관이 자동적으로 익혀져야 하는 것이기에 엄마가 당연히 잔소리장이가 될 수밖에 없다. 다만 그 습관을 들이는 문제에 있어서 아이와 상의하는 과정을 통해 아이가 결정한 일은 스스로 지킬 수 있도록 해야 한다.

그리고 어떤 것에 대해서 아이가 나름의 이유를 대며 이의를 제기하면 잘 들어주어야 한다. 대부분 변명인 경우가 많지만 아이 입장에서는 그것도 나름의 이유이기 때문에 들어주지 않으면 계속 억울해하게 된다.

한 가지 예를 들어보자. 어느 날 준영이가 교실에서 물을 마시려고 하는데 마침 컵이 없어 주전자에 입을 대고 마시다가 선생님에게 꾸중을 들었다고 한다. 아이의 입장에서는 컵이 없었기 때문에 할 수 없이 한 행동이었지만, 선생님은 주전자에 입을 대고 마시는 행동만을 보고 판단을 내렸기 때문에 야단을 칠 수밖에 없었을 것이다.

이런 경우, "목이 너무 말랐는데 컵이 없어서 곤란했겠구나. 그런데 여러 사람이 사용하는 주전자에 입을 대고 마시면, 만약 다른 아이가 그랬다면 너는 어떤 생각이 들었을까?" 하는 말로 아이가 자신의 행동을 객관적으로 살펴볼 수 있도록 기회를 주어야 한다. 그렇게 되면 스스로 자신의 잘못된 행동에 대해 깨닫게 되고, 억울했던 마음도 어느 정도 풀어지게 된다. 게다가 비슷한 상황에 다시 처하게 되면 어떻게 하겠다는 나름의 방안까지도 생각해낸다.

학교 선생님들은 혼자서 많은 아이들을 지도해야 하기 때문에 이정도까지 신경 쓸 여유가 없는 것이 사실이다. 그러므로 엄마가 따로 세심하게 배려해서 지도하는 것이 필요하다.

## 공부 습관은 빨리 잡아주면 좋다

직장 생활을 하는 내게 아이의 좋은 습관들이기는 무척 중요한 문제였다. 내가 없는 시간에 아이가 자신의 시간을 잘 활용하고 계획적인 생활을 할 수 있도록 지도해 주는 것이 나의 주된 관심사였다. 그래서 선택한 것이 아이가 시간을 잘 지키도록 연습시키는 것이었다.

시간을 지키지 않고 밖에서 놀 경우 엄마가 어떤 걱정을 하며, 얼

좋은 습관은 아이의 평생 자산입니다.
아이에게 좋은 습관을 들이고 싶다면
단지 엄마가 좋은 습관을 보여 주기만 하면 됩니다.
아이에게 있어 엄마만큼 강한 전염은 없으니까요.

마나 자신을 찾아 헤매는지에 대해 자세히 말해주었다. 그러자 아이는 시간을 잘 지키려고 노력하기 시작했다.

시간을 잘 지키게 하는 훈련은 시계 보는 훈련과 같이 했다. 처음에는 디지털 시계를 이용했다. 아이가 시계를 볼 수 있게 되고부터는 밖에 나갈 때면 시계를 가지고 가게 했다. 그리고는 시간을 잘 지켜야 한다는 것도 상기시켜 주었다. 그러자 시간 개념만큼은 철저한 아이가 되어 갔다.

그 다음 목표로 삼은 것은 그날 일은 그날 하는 것이었다. 아이가 날마다 해야 하는 것은 학습지였다. 학습지를 해 놓고 노는 것이 좋은지, 아니면 놀고 와서 하는 것이 좋은지 스스로 선택하게 했다. 아이는 나름대로 잘 할 수 있을 거라고 생각해서 놀고 나서 학습지를 하기로 선택했지만, 막상 해보니 그날 해야 할 분량을 제대로 못 해내는 날이 많았다. 하지만 여러 번의 시행착오 끝에 어떻게 하는 것이 가장 좋은지 스스로 깨달을 것이라는 믿음이 있었기 때문에 나는 그냥 지켜보기만 했다.

아이는 계속해서 그날 분량을 다하지 못했다. 처음에는 다음날 하겠다는 말만 믿고 내버려 두었다. 그런데 그 다음날도 '다음날' 하면서 계속 미루기만 했다. 그래도 아무 말 하지 않고 그저 지켜보기만 했다.

며칠이 지나자 밀린 양이 엄청났다. 아이는 많은 분량에 놀라 힘들다며 울었다. 나는 내심 올 것이 왔구나 하는 생각을 했다.

"엄마가 어떻게 도와주면 되겠니?"

문제는 자기가 풀 테니 엄마는 숫자를 써달라고 했다. 그리고 다 못한 것은 다음에 하면 안 되겠냐고 했다. 그렇게 하자고 타협을 했다. 그리고는 아이를 앉혀놓고 대화를 시작했다.

"준영아, 이렇게 많이 밀려서 한꺼번에 하니 어떤 생각이 드니?"

"(울먹울먹)"

"힘들지?"

"네"

"다음에는 어떻게 할 거야?"

"그날그날 하고 나가서 놀래요"

"그래, 그러면 되겠구나. 이제부터는 그날 분량을 안 하면 졸리더라도 다 하고 자기다. 어때?"

"알았어요"

그날 이후 아이는 미리미리 숙제나 학습지를 하기 시작했다. 그리고 다 하지 못했을 경우에는 잠을 늦게 자야 했다.

학습 습관은 어렸을 때 잡아주어야 한다. 이것은 책상에 앉아있는 연습, 곧 집중력을 키우는 연습과 함께 내일에 대한, 자기 자신과의 약속에 대한, 자기 책임에 대한 습관을 배우는 과정이다. 그러므로 어느 정도의 강제성을 띨 수밖에 없다. 단 학습의 양이 아이의

능력에 맞는지 혹시 엄마가 너무 욕심을 내는 것은 아닌지 잘 살펴
봐야 한다.

## 좋은 습관은 끊임없이 훈련되어야 한다

초등학교에 들어간 뒤부터 아이는 학교에서 돌아오면 곧바로 손
을 씻고, 가방을 제자리에 갖다 놓고, 수저통을 내 놓는다. 그런데
여전히 목욕 후 뒷정리가 되어 있지 않는 날이 많았다. 그래서 어느
날 그 습관을 고치는 작업에 들어갔다.

목욕을 하고 나오면 내가 뒷정리를 해줄 수도 있지만, 아이를 불
러 어떻게 하는지 먼저 보여주고, 그 다음 직접 하도록 했다. 그러
자 어떤 날은 욕실 청소까지 하기도 했다. 물론 그렇게 되기까지 참
으로 오랜 시간이 걸렸고 우여곡절도 많았다. 하지만 어른들도 날
마다 똑같이 잘 하기 힘든데 아이들이라고 언제나 다 잘 해내겠는
가?

엄마가 욕심을 조금만 버리면 아이와 잘 지낼 수 있고, 행복한 웃
음을 더 많이 웃을 수 있다. 그리고 엄마가 조금만 융통성 있게 아
이를 바라봐 주면 아이는 훨씬 더 자유롭고 창의적인 생각들을 많
이 하게 된다.

습관 들이기도 마찬가지다. 어떤 날은 잘 되지 않는 날도 있을 것
이다. 그럴 때면 오늘은 왜 기분이 안 좋은지, 무슨 일이 있었는지

물어보면서 진심으로 걱정해주는 엄마의  따뜻한 마음을 보여주는 것이 중요하다. 그런 엄마의 모습에서 아이는 스스로의 잘못을 깨닫게 되고, 더 잘하려고 하는 의욕을 갖기 때문이다.

어떤 엄마는 아이에게 실내화도 빨게 한다고 한다. 그런 일을 통해 엄마가 자신들을 위해 얼마나 힘들게 일하는지 아이들은 알게 될 것이다. 그 결과 자신의 일은 자기가 스스로 해야 된다는 것도 깊이 느끼게 될 것이다.

엄마들은 아이의 공부에 대해서만 많은 신경을 쓰지만 사실 중요한 것은 공부보다 아이의 전반적인 생활 습관이다. 어릴 때의 좋은 생활 습관은 아이의 평생을 좌우하기 때문이다.

좋은 습관은 훈련을 통해서 몸에 배게 할 수 있지만, 엄마 자신의 좋은 습관을 아이가 보고 배우게 하는 것도 중요하다. 인사도 잘하고 늘 밝은 얼굴을 하고 다니는 엄마와 함께 사는 아이는 엄마처럼 늘 웃고 어른들에게 인사도 잘한다. 그러므로 아이에게만 좋은 습관을 강요하지 말고 엄마 자신이 좋은 습관을 가지고 있으면서 아이에게 좋은 본보기가 되어 준다면 아이는 저절로 좋은 습관을 가지게 된다.


사실 큰아이는 책을 잘 읽지 않았다. 그래서 내심 걱정을 많이 했다. 엄마가 책을 읽고 있으면 대부분의 아이들은 엄마 옆에 앉아 자기도 책을 읽는 흉내를 낸다. 그런데 큰아이는 전혀 그렇지 않았다.

남자 아이라 책에 큰 관심이 없어서 그런가 보다 하는 생각을 했다. 그렇다고 억지로 책을 읽도록 하지는 않았다. 하기 싫은 일을 억지로 시키면 더 안 하려고 하는 큰아이의 특성을 잘 알고 있었기 때문에 책은 읽지 않더라도 동생과 잘 놀아주는 것에 대해 내심 고맙다고 생각하고 있던 터였다.

그런데 언제부턴가 내가 책을 읽고 있으면 어느새 텔레비전을 끄고 내 옆에 앉아 만화책을 보기 시작했다. 그러면 작은 아이도 동화책을 들고 와서는 읽어 달라는 시늉을 했다.

나 역시 다른 부모들처럼 책 읽는 아이들을 보니 그렇게 마음이 뿌듯할 수 없었다. 하지만 마음이 가볍지만은 않았다. 내 행동이 아이의 거울이라 생각하니 부담스러운 생각이 들었기 때문이다.


부모는 아이의 거울이나 마찬가지다. 아이가 나쁜 습관을 갖고 있다면 그것은 곧 부모 자신의 나쁜 습관이기도 하다. 그렇다면 아이가 그 나쁜 습관을 버리도록 하고 싶다면 어떻게 해야 하겠는가? 마찬가지로 아이에게 좋은 습관을 들이고 싶다면 어떻게 해야 하겠는가?

# 아이의 일정은
# 아이 스스로 짜게 하라

살아가다 보면 계획을 짜면서 해야 할 일들이 많다. 물론 계획대로 잘 되지 않는 것이 세상 일이지만 그래도 계획을 짜고 시작한 일과 짜지 않고 시작한 일은 다르다.

나는 아이들에게 어릴 때부터 계획 짜는 연습을 시키는 것이 무척 중요하다고 생각한다. 스스로 자신의 시간을 체크하는 습관과 더불어 시간을 잘 분배해서 사용하는 힘을 기를 수 있기 때문이다. 그래서 큰아이에게는 큰아이에게 맞는 방법으로, 작은 아이에게는 작은 아이에게 맞는 방법으로 계획 짜는 연습을 시킨다.

부모는 아이에게는 집안 행사와 관련해 아무런 결정권을 주지 않는 경우가 많다. 하지만 따지고 보면 아이도 가족의 한 구성원이다. 그리고 아이도 자기들 나름대로 스케줄이 있다. 그러므로 어렸을 때부터 크고 작은 집안 행사에 대해 아이에게 이야기해 주고, 어리지만 아이의 의견을 물어봐 주는 것이 중요하다.

이런 과정을 통해 아이도 자신의 시간을 체크하게 되고, 자신의 시간을 잘 분배해서 사용하는 힘을 기르게 된다. 게다가 아이 역시 집안의 중요한 사람임을 인식하고, 어떤 선택이나 결정 과정에 대한 소중한 경험을 하게 된다.

## 어릴 때 익힌 계획적인 생활 습관은 중·고등학교까지 이어진다

큰아이는 어렸을 때부터 먹고 싶은 것이 무엇인지, 어떤 선물을 받고 싶은지 비교적 정확하게 자신의 의견을 이야기했고, 엄마나 아빠를 위해 어떤 것을 준비해야 하는지, 휴일에는 어디를 가면 좋을지에 대해 늘 물어보았다. 그러한 과정을 통해 자신의 의사가 무척 존중받고 있다는 것과 자기 자신의 소중함도 알아차리게 되었다.

그러다 보니 나와 남편은 가족 여행 계획을 짤 때도 최대한 아이의 의견이 반영되도록 했다. 어디를 가면 좋을지 아이에게 물어보고, 여행 일정은 어떻고, 다음에는 어디로 갈 것이며, 무엇을 먹을 것인지 이야기해 주어 계획 짜는 일에 동참시켰다. 이런 경험들을 통해 아이는 무엇을 할 때는 먼저 계획을 세우는 것이 중요하다는 사실을 배워 나갔다.

이런 훈련 덕분인지 아이는 가끔 '이렇게 한 다음에 이것을 하면 되죠?' 하면서 일의 순서를 이야기해 주거나, 전화를 걸어 '엄마, 나 내일 어떤어떤 순서로 할게요' 하면서 자신의 계획을 말하기도 했다.

아이들에게 계획 짜기 연습을 시키는 것은 거창한 것이 아니다. 자신의 일정을 직접 짜도록 하는 것부터 하면 된다. 해야 할 일을 정하고, 그것을 언제 어떻게 실천에 옮길지에 대해 스스로 결정하고 행동하도록 하면 된다.

준비물이 있다면 오늘 준비할지 내일 아침에 준비할지, 숙제가 있다면 놀고 와서 할 것인지 숙제를 해 놓고 나서 놀 것인지 아이의 의견을 들어보고, 아이에게 직접 계획을 짜서 실천할 수 있도록 기회를 주면 된다.

이런 경험을 통해 어릴 때부터 계획 짜기가 생활화되면 중·고등학생이 되어서도 계획성 있는 생활을 하게 된다. 물론 그 영향력은 성인이 된 다음에도 그대로 발휘된다.


조카 태완이는 계획을 무척 잘 짠다. 여동생이 직장 생활을 하다 보니 태완이는 자연히 여러 군데의 학원을 다녀야 했는데, 시간표

계획표를 100% 실천하는 것보다 더 중요한 것은
아이가 시행착오를 통해 자신의 능력과 상황에 맞게
계획표를 짜나가는 연습을 하는 것입니다.

를 잘 짜서 계획대로 움직이지 않으면 시간을 제대로 맞추지 못해 학원에 빠지는 경우가 많았다. 그러다 보니 여동생은 잘 보이는 곳에 보드판을 걸어 놓고 태완이의 일주일 스케줄을 써 놓은 뒤 스스로 그 스케줄에 맞추어 움직이도록 했다.

이것은 태완이가 자신의 일을 스스로 할 수 있다는 믿음이 있을 때 할 수 있는 일이다. 이러한 믿음은 아이로 하여금 그 일을 해낼 수 있다는 자신감과 해내야 한다는 책임감을 갖게 한다. 실제로 태완이는 자신감과 책임감을 가지고 자신의 일을 잘 해나갔다.

준영이도 처음에는 계획 짜는 것이 무척 서툴렀다. 시간 체크는 언제나 엄마의 몫이었고, 해야 할 일이 한꺼번에 여러 개 생기면 어떻게 해야 할지 몰라 당황했다. 그럴 때마다 어떻게 하면 시간을 조절할 수 있을지, 어떤 것을 먼저 해야 할지에 대해 서로 질문하고 대답하면서 문제를 풀어 나갔다.

지금 준영이는 누구보다 계획을 잘 짜는 아이가 되었고, 자신이 세운 계획을 잘 실천하고 있다. 갑자기 예상치 못한 일이 벌어져도 (친구 생일 파티가 있다든지, 갑자기 병원에 가야 할 일이 생기거나 엄마와 어디를 가야 하는 경우) 자신의 계획을 잘 정리해서 중요한 것부터 해내는 능력을 갖게 되었다.

계획 짜기에서 가장 중요한 것은 실천 가능한 것이어야 한다는 점이다. 누구나 계획을 짤 때는 다 할 수 있을 것 같아 거창하게 시작하지만 실제로 계획한 대로 일이 되지 않으면 실망도 크다. 무엇보다 아이들의 경우 실패를 경험하면 자신감을 잃어버릴 수 있기 때문에 아이가 자신의 능력보다 큰 욕심을 부릴 때는 엄마가 개입하여 조절해주는 지혜가 필요하다.

준영이의 경우, 많은 욕심을 부리지는 않지만 가끔 능력 이상으로 계획을 짤 때가 있다. 흔히 어른들이 어린 시절 방학 계획표를 짜면서 많이 저질렀던 실수처럼 학습 계획을 짤 때 마음만 앞서서 능력 이상의 계획을 짜는 것이다. 이때, 공부를 많이 하겠다는 아이가 기특하다고 해서 그냥 두면 안 된다. 분명히 아이는 계획을 실천하지 못하게 될 것이기 때문이다. 아이의 기특한 마음은 충분히 칭찬해주되 너무 무리한 계획이 되지 않도록 조정해주어야 한다.

**생활 계획표는 아이가 원하는 것 70%, 엄마가 원하는 것 30%**

초등학교 1학년 여름 방학 때다. 준영이에게 방학 계획표를 짜 보라고 했더니 영어도 배우고 싶고, 미술도 배우고 싶고, 피아노도 배우고 싶다고 했다. 그런데 이야기를 들어 보니 그것을 배우고 싶어서 그렇게 계획표를 짠 것이 아니라 이종 사촌 형인 태완이와 함께 놀고 싶어서 그렇게 짰다는 것을 알았다.

그때 태완이는 여러 군데의 학원을 다니고 있었는데, 아이 생각에 학원에 다니게 되면 태완이 형과 오랫동안 같이 놀 수 있을 것이라고 생각한 것이다.

"준영아, 방학 동안에 꼭 하고 싶은 게 뭐야? 태완이 형과는 별개로 네가 방학을 어떻게 보내고 싶은지 솔직하게 계획표를 짜 봐"

결과는 너무 달랐다. 학습지를 하는 시간과 태권도 배우러 가는 시간을 빼고는 주로 인라인을 타거나 자전거를 타면서 놀고 싶다는 계획표였다. 웃음이 나왔다. "이것이 네가 원하는 것이지?"했더니 머리를 긁적이며 그렇다고 했다.

"엄마는 여기에 제안을 하나 하고 싶어. 방학도 했으니 가끔 엄마랑 책도 읽으면 어떨까?"

"왜요?"

"엄마도 시간이 있고, 준영이랑 책을 읽은 지도 오래되었고, 준영이도 이제 책을 좀 읽어야 이야기할 거리도 생기거든. 음....솔직히 준영이랑 책 읽고 싶어서 그래"

"그럼. 매일 말고 일주일에 한 번 어때요?"

"그래 준영이가 시간 되는 날, 그리고 이왕이면 찬영이가 낮잠 잘 때 하자"

"좋아요"

사실 나는 나대로 방학을 이용해 아이의 읽기 능력과 요약 능력을 향상시키려는 계획을 가지고 있었다. 방학 동안 아이와 책을 읽으면서 그러한 계획을 실천할 생각이었다. 나는 그 이야기도 솔직하게 말했다.

아이에게 엄마의 계획을 이야기해 줌으로써 아이는 엄마가 자신의 학습에 대해서도 관심을 많이 가지고 있다는 것을 알게 되고, 아이로 하여금 자기 자신이 그런 것을 해낼 만한 능력을 갖고 있다는 사실도 알게 된다. 이것은 곧바로 아이에게 하고자 하는 의욕을 갖게 하고, 그 일을 해낼 수 있다는 자신감을 갖게 하는 것이 되기도 한다. 준영이의 계획 짜기 훈련은 이렇게 해서 더욱 더 체계적이 되어 갔다.

계획 짜기 훈련을 받아들이는 정도는 아이들마다 제각각이다. 어떤 아이는 비교적 쉽게 익히는가 하면 어떤 아이는 몇 년을 해도 별 효과가 없다. 그러므로 아이의 특성에 맞게 훈련시키는 것이 중요하다.

준영이는 비교적 계획을 잘 짜는 아이지만 이제 겨우 첫걸음을 떼기 시작했을 뿐이다. 나는 그저 아이가 자신의 인생 계획을 스스로 짤 수 있는 그날까지 작은 계획들을 성공적으로 해내는 경험을 할 수 있도록 배려해주는 좋은 도우미가 되려고 한다. 조그마한 성공 경험들을 많이 하다 보면 큰 성공을 위해서도 자신감 있게 도전할 수 있기 때문이다.

# 칭찬은 아이의 행동을 변화시키는 가장 효과적인 방법이다

어른도 칭찬을 받으면 어깨가 으쓱하면서 일할 맛이 난다. 아이들은 더욱 그렇다. 부모들도 이런 사실을 잘 알고 있다. 그런데 칭찬하는 것이 참 익숙하지 않다. 또 부모 자신이 원하는 쪽으로 아이를 끌고 가기 위해 의도적으로 칭찬을 이용하는 경우도 있다. 이런 경우 칭찬은 아이에게 아무런 도움이 되지 않기도 한다.

칭찬하는 방법에는 두 가지가 있다. 하나는 구체적인 행동에 대해 칭찬하는 것이고, 하나는 타고난 천성에 대해 칭찬하는 것이다. 좋은 칭찬이란 아이의 행동에 대해 구체적으로 칭찬하는 것이다.

"아니, 아직 30분도 되지 않았는데 벌써 학습지를 다 했구나!"

"혼자 열심히 연습하더니 자전거를 이렇게 잘 타는구나!"

"누가 잡아주지도 않았는데 혼자 배워 이렇게 인라인 스케이트를 잘 타게 되었구나"

"어제 받아쓰기 연습 열심히 하더니 100점을 받았네!"

"노력하는 너의 모습을 보니 자랑스러워, 너도 기분 좋지?"

구체적인 결과를 칭찬함과 동시에 내적인 요인, 곧 아이의 노력에 대해 칭찬해주는 것이 가장 좋은 칭찬 방법이다. 노력에 대한 언급 없이 결과만 칭찬하게 되면 아이들은 결과만이 중요하다는 생각을 하게 되어 과정을 별로 중요하게 여기지 않게 된다. 그러다 보면 좋은 점수를 따기 위해 부정 행위를 하면서도 무엇이 잘못되었는지 느끼지 못하게 된다. 그러므로 칭찬을 할 때는 결과는 물론 그 과정에 대해서도 꼭 함께 칭찬해 주어야 한다. 그렇게 하면 아이는 좋은 결과뿐 아니라 과정 자체도 성실히 하기 위해 노력한다.

## 컨닝을 해서라도 100점을 맞고 싶은 아이

아이들은 초등학교에 들어가면 100점 맞으면 좋은 것이라는 사실과 100점을 맞으면 엄마와 아빠에게 칭찬받는다는 것을 금방 알게 된다.

준영이도 마찬가지였다. 어느 날 학교에서 돌아오더니 받아쓰기 시험에서 100점을 받았다고 했다. 그런데 내가 알기로 아이는 100점을 받을 만큼 연습을 많이 하지 않았다. 그런데도 100점을 맞았다니 기쁘기도 하고 궁금하기도 했다. '혹시 학교에 가서 받아쓰기 연습을 열심히 했나? 아니면 잘 아는 단어가 나왔나?' 이런 저런 궁금증이 일어나는 것을 참고 아이에게 이렇게 말해 주었다.

"와! 100점을 받았어? 정말 기쁘고 대견해! 그런데 어제 공부를 많이 안 한 것 같은데, 어떻게 100점을 받았는지 무척 궁금하구나"

"싫어요, 안 가르쳐줘요. 다 방법이 있어요"

"궁금한데 나도 알려줘라"

"비밀인데……"

"한 번만 알려주면 안 될까?"

"음… 옆의 짝이 보고 쓰라고 했어요. 그래서 모르는 것은 보고 썼는데 100점을 맞았어요"

'어라? 벌써 컨닝을 했다고!'

어이가 없었다. 놀란 가슴을 뒤로 하고 일단 아이의 표정을 살폈다. 친구가 보라고 했으므로 자기는 잘못한 것이 없다는 표정이었다.

'이런! 컨닝이 무엇인지 아직 개념이 없구나'

일단 아이가 솔직하게 이야기를 했으니 혼내기보다는 그 상황에 대해 잘 설명해주고 이해할 수 있게 도와줘야 한다는 생각이 들었다. 나는 우선 아이에게 솔직히 말해준 것에 대해 고맙다고 말한 뒤, 남의 것을 보고 쓰는 것은, 친구가 보고 쓰라고 했어도 잘못된 행동이라는 것을 말해 주었다. 그리고 "나중에 그 친구가 '준영이가 100점 받은 것은 내 것을 보고 썼기 때문이에요' 라고 말하면 어떻게 하겠니?" 하고 물어봄으로써 자신의 실력으로 받은 점수가 아닌 것에 대해 창피함을 느껴보도록 했다.

"그렇구나, 알았어요. 다음에는 안 보고 쓸게요. 근데 엄마, 나 100점 안 맞아도 돼요?"

아이의 말에 웃음이 나왔지만 참았다.

"그럼, 남의 것을 보고 써서 100점 받으면 엄마는 하나도 기쁘지 않단다. 준영이도 스스로 자랑스럽다는 생각이 들지 않을 거야. 100점을 못 받아도 좋으니 솔직하면 좋겠다. 그러나 노력은 해야겠지. 노력하는데도 안 되는 것은 어쩔 수 없지만 말이야. 노력도 안 해 보는 것은 비겁하잖아. 그치?"

"알았어요. 이젠 안 그럴게요"

나는 100점을 받아오라는 소리를 하지 않았는데도 아이는 나름대로 그런 부담감을 가지고 있었나 보다. 엄마를 기쁘게 해주고 싶은 그런 마음 말이다.

## 순수한 마음에서 칭찬하고, 구체적으로 칭찬해주라

칭찬에 있어 어른들이 자연스럽게 사용하는 것이 천성에 대해 평가하는 것이다.

"넌 정말 잘생겼어"

"넌 정말 멋진 남자야"

"어쩜 그렇게 이쁘니?"

"넌 참 머리가 좋구나"

"너 정말 착하구나"

이것은 아이들의 존재 가치에 대한 칭찬이다. 그 아이가 어떤 존재인지에 대한 외부의 평가다. 이 외부 평가가 긍정적인 것이면 아이들은 자신에 대해 높은 자존감을 형성하게 된다.

그런데 이런 칭찬이 조심스러운 이유는, 아이들이 이런 칭찬을 통해 높은 자존감과 더불어 자신의 인생을 풍요롭게 하기 위해서는 노력도 병행해야 한다는 것을 알면 좋은데, 반대로 타고난 능력만 믿고 노력을 하지 않아 낭패를 당하는 경우가 있다는 것이다. 또 너무 외부 평가에만 연연해 자신의 내면에서 스스로 자신을 평가하고 바라보는 능력을 잃어버리는 경우도 있다. 그러므로 아이들에게 존재가치에 대한 칭찬은 너무 많이 하지 않는 것이 좋다.

나도 아이가 어렸을 때는 아무 생각 없이 '준영이 너무 멋지게 생겼다'거나 '준영이는 머리가 좋아서 조금만 해도 이렇게 잘 하잖아' 같은 칭찬을 많이 했다. 또 내가 원하는 방향대로 아이를 이끌기 위해 '준영아, 이렇게 해주니까 엄마가 너무 기쁘다', '이것을 도와주면 엄마가 너무 기쁠 텐데', '준영이는 착한 아이니까 이렇게 엄마를 잘 도와주는구나' 같은 칭찬을 많이 했다. 그런데 시간이 지나 아이가 조금씩 사리 판단을 하게 되자 이런 칭찬이 먹히지 않았다.

"에이, 나한테 이거 시키려고 그러는 거지요? 난 다 알아요"

엄마의 검은 속내를 아이에게 들켜 버린 것이다. 이를 어쩌나! 무엇인가 잘못하고 있구나 하는 생각이 들었다.

칭찬은 순수한 마음에서, 아이의 구체적인 행동에 대해 진심으로 칭찬해 주는 것이 필요하다. 그래야 아이는 자신의 내면 세계를 들여다볼 수 있게 된다.


칭찬을 할 때는 은근하게 해주는 경우도 있다. 남편이 어떤 물건을 못 찾고 있을 때면 나는 슬쩍 이렇게 말한다.

"우리 집에서는 준영이가 물건 찾는데 박사죠"

이 말을 통해 물건을 제자리에 잘 정리해 두어야 찾기가 쉽다는 점을 상기시켜 줌과 동시에 아이가 정리정돈을 잘 하고, 또 물건 둔 자리를 잘 기억한다는 점을 칭찬해준다. 그리고 다른 사람을 도와주는 기쁨에 대해서도 알게 하는 계기가 되도록 한다.

엄마들은 잘못한 일에 대해서는 큰소리로 야단을 치면서 잘 한 일에 대해서는 당연히 해야 할 일을 했다는 생각에 칭찬을 안 하는 경우가 많다. 이것은 좋지 않는 교육 방법이다. 잘 한 일에 더 많은 에너지를 쏟아야 한다. 잘 한 행동에 대해서는 아낌없는 칭찬을 통

아이를 칭찬해주고 싶어도 칭찬 거리가 보이지 않는다면
아이를 바라보는 엄마의 시선부터 살펴봐야 합니다.

해 관심과 사랑을 많이 보여주고, 잘못한 일에 대해서는 따끔하게 한 마디로 짧게 혼내는 것이 좋다. 그리고 아이를 혼낼 때는 지켜보는 다른 사람이 없는 곳에서 하는 것이 좋다. 아이의 자존감이 상하지 않도록 배려하기 위해서다.

## 물질적인 보상을 해줄 때는 신중해야 한다

칭찬과 뗄 수 없는 것이 보상이다. 그런데 보상을 할 때 조심할 점이 있다. 아이가 당연히 해야 할 일을 했을 때는 결코 보상을 해주어서는 안 된다. 특히 밥을 잘 먹는다든지, 자신의 물건을 잘 정리하는 일들은 아이가 스스로 해야 할 일이다. 그런데도 "이거 하면 뭐 해줄래요?"하고 묻는 아이들이 있다. 아이에게 이런 질문을 갑자기 받으면 자신도 모르게 "알았어, 뭐 해줄까?"라고 말하는 경우가 있다. 나 역시 그런 경험을 많이 했다.

그런데 이런 경우에는 신중히 생각해 보고 대답해야 한다. 그것이 과연 누구의 일인가? 부모의 일인가? 엄마가 아이에게 고마워해야 할 일인가? 그래서 부모가 보상해 주어야 할 일인가? 만약 그렇지 않다면 보상해 주어서는 안 된다.

나는 어렸을 때 몸이 무척 허약해 늘 밥을 제대로 먹지 못했다. 엄마는 밥을 잘 먹지 않는 내게 "이거 다 먹으면 10원 줄게"라는 말을 자주 했다. 돌이켜보면 어떤 때는 엄마의 그런 마음을 이용해 일부러 밥을 먹기 싫어했던 적도 있었다. 부모님의 안쓰러워하는 마음을 이용했던 것이다.

나는 아이들이 밥을 먹기 싫다고 하면 먹지 말라고 해버린다. 물론 "다음 식사 시간까지 아무것도 먹지 못한다"는 말을 덧붙여준다. 그러면 아이들은 "아니요. 나 먹을래요"한다(이런 방법이 통하지 않는 경우도 있는데, 99%는 엄마들이 아무 것도 먹지 않은 아이가 안쓰러워 간식을 먹이거나 엄마가 간식이 먹고 싶어서 아이와 함께 먹는 경우다). 이처럼 밥 먹는 것 같은 기본적인 문제에 있어서는 부모가 강하게 나갈 필요가 있다.

어떤 행동에 대해 물질적인 보상을 해줄 때는 무척 신중해야 한다. 그리고 되도록이면 물질적인 보상보다는 격려의 말을 해준다든지, 하고 싶어하는 놀이를 더 할 수 있게 해주는 따위의 방법으로 보상해주는 것이 좋다.

# 아이의 행동을 통해 소통할 수 있는 실마리를 찾게 된다

남자 아이를 키우는 엄마들은 너무 산만하고 정신없이 행동하는 아이를 보면서 '왜 이리 산만하고 정신없을까?' 하는 생각을 한번쯤 해봤을 것이다. 그런데 할머니나 할아버지는 "사내 아이들은 다 그런 거란다. 그러다가 크면 좋아진단다" 하고 말한다.

물론 그럴 경우도 있다. 여자 아이들에 비해 남자 아이들은 다소 행동이 산만하고 부산한 것이 사실이다. 하지만 그렇지 않고 전문적인 치료가 필요한 경우도 있다. '주의력결핍 과잉행동 장애(ADHD)'를 가진 아이라면 치료를 해야 한다. 예전부터 있던 장애였으나 최근 널리 알려지기 시작하면서 아이를 키우는 엄마들은 한번쯤 '혹시 우리 아이가 주의력결핍 과잉행동 장애를 가진 것은 아닐까' 하는 생각을 해봤을 것이다.

## 혹시 내 아이가 주의력결핍 과잉행동 장애?

'주의력결핍 과잉행동 장애'는 일반적으로 주의가 산만하고 과잉 행동을 하고, 충동 조절이 안 되는 특징을 보이는 것으로 비교적 아동기에 흔히 볼 수 있는 증상이다. 하지만 그렇다고 개인의 성향이라고만 생각하고 그냥 내버려 두면 또래 관계, 학습, 정서발달에 심각한 문제를 일으키게 된다. 그리고 나이가 들면서 비행, 약물 남용, 우울증 같은 복합적인 문제로 발전할 수도 있으므로 적절한 개입이 필요하다.

하지만 진단을 할 때는 무척 신중해야 한다. 아이가 일단 '주의력결핍 과잉행동 장애' 진단을 받게 되면, 그 아이가 보여주는 산만함이나 충동적인 행동들이 더 이상 그 아이의 탓이 아니게 된다. 아이의 탓이 아니고, 아이 자신도 어쩔 수 없는 작용에 의해 그러한 행동을 하게 된다는 것을 아이가 알게 되면 자기 행동에 대한 책임을 지지 않아도 된다는 생각을 할 수 있다. 그러므로 진짜 '주의력결핍 과잉행동 장애'를 가지고 있는지, 아니면 다른 정서적인 문제가 있는지 신중하게 살펴야 한다.

만약 아이가 '주의력결핍 과잉행동 장애' 진단을 받았다고 하더라도 너무 걱정할 필요는 없다. 치료만 제대로 한다면 얼마든지 좋아이의 가장 좋은 전문가는 엄마입니다.
엄마보다 더 애정을 갖고 아이를 세심하게
관찰할 수 있는 사람은 없습니다.

아질 수 있기 때문이다. 오히려 아이들의 경우, 약물 치료를 하면서 바른 생활 습관과 학습 습관을 들일 수 있는 좋은 기회로 삼을 수도 있다.

약물 자체가 '주의력결핍 과잉행동 장애'를 고쳐주는 것은 아니다. 약을 사용함으로써 집중력을 높여 아이의 습관을 올바른 방향으로 바로 잡아주는 식이다. 그러므로 약만 먹이고 다른 노력을 안 한다면 아무 도움도 되지 않는다. 따라서 약물 치료와 함께 행동 치료를 같이 해야 한다.


큰아이의 경우도 너무 산만해 처음에는 '주의력결핍 과잉행동 장애'를 의심했다. 마침 학교에서 진행하는 '주의력결핍 과잉행동 장애' 검사가 있어 신중하게 검사도 해보았다. 또 '주의력결핍 과잉행동 장애'에 관한 세미나가 있어 참가하기도 했다.

교육에 관한한 전문가라고 해도, 내 아이의 문제에 있어서만큼은 전문가가 아닐 수 있다. 누구나 자기 문제는 오히려 잘 못 보는 경향이 있기 때문이다. 그래서 나도 다른 사람의 도움을 받았던 것이다.

학교에서 진행한 '주의력결핍 과잉행동 장애' 검사가 있은 뒤 담임 선생님에게 전화가 왔다.

"준영이는 '주의력결핍 과잉행동 장애'는 아니더군요"

“네, 그렇더라도 준영이가 산만한 것은 사실이니 그런 아이들을
위한 프로그램이 있으면 같이 참여시켜 주시면 고맙겠습니다”

선생님은 마침 준영이와 비슷한 아이들이 몇 명 있어 ‘사회적응
훈련 프로그램’ 을 진행하려 한다고 했다.


‘주의력결핍 과잉행동 장애’ 는 저학년의 경우에는 산만한 행동
으로 나타나지만 고학년이 되면 여러 가지 다른 모양으로 나타난
다. 다리 떨기, 손톱 뜯기, 멍하니 있거나 반대로 끊임없이 새로운
자극을 추구하는 것 따위다.

많은 부모들이 쉽게 지나치는 부분이 “우리 아이는 컴퓨터나 텔
레비전은 오래 앉아서 잘 보는걸요”하는 말이다. 그렇기 때문에 ‘주
의력결핍 과잉행동 장애’ 는 아닌 것 같다는 말이다.

하지만 그렇지 않다. 이런 것만으로는 정확하게 평가하기 어렵
다. 그러므로 조금이라도 의심스럽다면 전문가의 도움을 받는 것이
좋다.

구체적인 치료 방법으로는 약물 치료, 환경 치료(자극에 민감하므
로 주변 환경을 차분하게 만들어 주어야 한다), 부모와 교사에 대한 교
육과 훈련, 사회성 증진을 위한 집단 치료, 행동 치료, 정신 치료 그
리고 가족과 부모 상담 같은 것이 있다. 정확한 진단과 함께 적절한
치료를 같이 하면 비교적 어렵지 않게 고칠 수 있는 문제다.

## 엄마가 직접 해보는 아이의 행동 평가

'주의력결핍 과잉행동 장애'가 아니라 해도 남자 아이들은 산만하고 엄마가 이해하기 힘든 행동들을 많이 한다. 준영이도 마찬가지였다.

아이가 조금씩 자라면서 목소리를 높여야 하는 상황이 점점 많아졌다. 여자인 엄마로서는 도무지 이해하기 힘든 행동만 하려 했기 때문에 어떻게 다루어야할지 막막할 지경이었다. 그러다 보니 '주의력결핍'에 관한 책도 많이 읽어보게 되었고, 그 과정에서 아이를 객관적으로 볼 수 있어야 한다는 사실을 알게 되었다.

아이를 객관적으로 알기 위해 일단 아이의 행동에 대한 평가에 들어갔다. 유치원에 다닐 때는 주의를 받을 정도까지는 아니었지만 학교에 들어가면서부터는 산만하다는 이야기를 급식 당번을 갈 때마다 담임 선생님에게 들었다.

나는 아이가 어느 정도 산만한지 평가에 들어갔다. ①허락 없이 자리에서 이탈하는 경우는 어느 정도인지, ②뛰어다니는 정도는 어떤지, ③어떤 작업을 할 때 얼마나 오래 집중하는지, ④지겹다고 이상한 행동을 하는 경우는 어느 정도인지 분석했다. 또 정서 표현을 하는데 있어 ⑤분노나 좌절을 어떻게 드러내는지, ⑥얼마나 자주 그리고 강하게 표현하는지도 관찰했다.

생활 습관 면에서는 ⑦알림장은 잘 챙겨오는지, ⑧준비물은 잘 챙기는지, ⑨준비물을 잊었을 때는 어떤 경우인지(예:친구들과 노는데 집중해서), ⑩선생님의 지적 사항에 대해서는 어떻게 반응하는지(부끄러워하고 조심하려 하는지, 아무렇지도 않게 생각하는지)등에 대해 살펴보았다.

그리고 좀 더 심층적으로 접근해 ⑪충동적인 행동에 대해 주의를 받을 경우 고쳐지는 정도에 대해서도 살펴보고, ⑫문제를 풀 때 지시문을 제대로 읽고 푸는지, ⑬길을 갈 때는 주의를 잘 살피는지, ⑭다른 사람과의 관계에서 공손한 말을 사용하는지, ⑮친구 관계는 어떤지, ⑯다른 사람의 입장에 대해 배려를 하는지도 지켜보았다.


이런 것들을 관찰하면서 느낀 것은, '주의력결핍 과잉행동 장애'는 아니지만 교육이 많이 필요한 아이라는 사실을 알게 되었다. 지적 사항에 대해 주의를 주면 고치려고는 하지만 금방 다시 덤벙대는 경향을 보였다. 그리고 문제를 풀 때 끝까지 신중하게 지시문을 읽지 않고 지문을 성급하게 읽는 경우가 많았다. 결국 아이는 꼼꼼함이 부족한 것으로 나타났던 것이다.

이러한 관찰 결과를 바탕으로 아이에게 부족한 꼼꼼함을 길러주기 위해 나는 학교에서 실시하는 사회성 훈련 프로그램을 신청함과 동시에 집에서도 꼼꼼하게 일을 처리하도록 연습을 시작했다. 처음에는 시간이 많이 걸려 아이가 일을 처리하면서 짜증을 내기도 했지만, 시간이 걸려도 꼼꼼하게 해야 실수가 없고, 궁극적으로 그렇게 하는 것이 더 빨리 할 수 있다는 것을 경험하자 아이는 조금씩 나아지기 시작했다.

준영이의 특성을 잘 알게 된 나는 아이를 대할 때면 천천히, 그리고 하나씩 자세히 설명해가면서 서두르지 않는 모습을 보여주려고 노력한다. 내가 서두르면 아이도 서두를 것이기 때문이다.

아이들에게서 흔히 볼 수 있는 조급함은 어쩌면 우리 어른들이 만들어 낸 '빨리빨리 병'의 일부분인지 모른다. 언제부터인지 우리는 '빨리'라는 말을 참 많이 들었고, 우리도 그 말을 아이들에게 많이 사용하고 있다.

'주의력결핍 과잉행동 장애'는 어른 아이 할 것 없이 현대인이라면 누구나 조금씩 그 증상을 가지고 있는 것 같다. 물질적인 고도 성장만 추구해 온 현대 사회가 빚어낸 후유증으로 사회 집단적인 장애는 아닌지 하는 생각까지 든다.

아직 가야 할 길이 멀지만 천천히 연습하며 간다면 틀림없이 아이는 좋아질 것이라고 믿는다. 다만, 그 과정에서 엄마인 내가 조급해하고 서두를까봐 오늘도 나를 돌아볼 뿐이다.

# 작은 성공 경험을 많이 한 아이가 큰 성공도 경험한다

자기 자신에 대해 긍정적인 믿음을 갖게 하는 가장 좋은 방법 중의 하나는 아이가 성공 경험을 많이 할 수 있도록 엄마가 도와주는 것이다. 어떤 일을 할 때 성공 경험이 많은 사람일수록 자신감이 넘치며, 넘치는 자신감은 또 다시 무엇인가를 할 때 성공할 수 있게 하는 바탕이 된다. 그러므로 현명한 엄마는 될 수 있으면 아이에게 성공 경험의 기회를 많이 만들어줘야 한다.

성공 경험의 기회는 자신의 능력에 맞는 목표를 설정해 그 목표가 이루어졌을 때 느끼는 성취감에서 올 수 있다. 그러므로 목표를 정할 때에는 자신이 해낼 수 있는 목표여야 한다. 물론 너무 쉬운 목표는 성취감이 없고, 너무 높은 목표는 달성하기 힘들어 좌절이

나 미리 포기하게 만들기 때문에 적절한 조율이 필요하다.

## 3번의 100점 성공 경험

대부분의 아이들이 그렇겠지만 준영이도 늘 인정받고 싶어했다. 그러다 보니 스스로 생각할 때 어떤 일이 만족스럽지 못하다고 느끼면 이내 이렇게 묻곤 했다.

"나 못했죠? 별로죠?"

나는 아이에게 자신이 노력한 만큼 원하는 결과가 나왔는지 물어본다. 그렇게 함으로써 아이가 자신이 기울인 노력에 대해서도 평가해 보고, 자신이 어떤 목표를 세우고 있었는지 되돌아볼 수 있는 기회를 준다.

재미있는 에피소드가 있다. 언젠가 준영이가 스케이트 보드를 갖고 싶어했다. 그런데 스케이트 보드를 사 달라고 하기에는 마땅한 이유가 없었다. 생일이나 설날도 아니다 보니 받을 길이 막막했던 것이다. 그런데 엄마에게 사 달라고 하면 틀림없이 조건을 달 것을 알고 있었기 때문에 아빠에게 사 달라고 했던 모양이다.

"아빠, 나 받아쓰기 100점 받으면 스케이트 보드 사 주세요"

그런데 아빠는 한 수 위였다.

"100점을 10번 받으면 생각해보자"

그러자 아이는 너무 달성하기 높은 목표라는 생각에 지레 포기하고 말았다.

"엄마, 나 스케이트 보드는 생일 때까지 기다려야 할까 봐요"

"왜? 무슨 일이 있었니?"

사실 남편과 나는 공부에 대해 보상해 주는 것을 반대한다. 그러나 꼭 갖고 싶은 것이 있다면 대화와 타협을 통해 가질 수 있도록 배려하는 편이다. 그런데 이때만 해도 아직 아이가 용돈을 받아 쓰는 시기가 아니었기 때문에 다른 방법이 필요했다.

그런데 100점을 10번 받는다는 것은 내가 생각해도 너무 달성하기 힘든 목표인 것 같았다. 더군다나 아이의 성향상 100점을 10번 받는 것은 더더욱 어려운 일이었다. 덤벙대는 경우가 많아 다 아는 낱말도 꼭 한 개씩은 틀렸기 때문이다.

나는 남편에게 아이가 성공 경험을 맛볼 수 있도록 해주자고 살짝 말했다. 그래서 3번으로 줄여 주었다. 아이도 3번 정도는 할 수 있을 것 같다고 생각했던 모양이다. 그 뒤부터 아이는 많은 노력을 했다. 그러다가 2학기가 끝날 무렵 3번째 100점을 맞았다. 그날 바로 우리는 함께 스케이트 보드를 사러 갔다.

그런데 준영이가 원한 스케이트 보드는 바퀴가 제각각 돌아가는 무척 타기 어려운 것이었다. 처음부터 아이가 원했던 것이고 약속을 했기 때문에 사 주긴 했지만 좀 더 커야 탈 수 있을 것 같았다. 준영이도 처음에는 타보려고 연습을 했지만 결국 장식품이 되어 방안에 모셔놓고 말았다.

하지만 시간이 지나 자신감이 생기면 탈 수 있을 것이라고 믿는다. 그리고 일단 선물로 준 것이니 무엇보다 아이가 열심히 노력해서 얻은 성과물인 만큼 '왜 타지도 못할 거면서 사달라고 했느냐'는 잔소리는 하지 않기로 했다. 잔소리 하지 않아도 아이 스스로 충분히 느꼈을 것이기 때문이다. 그렇지만 남편과 나는 놀려준답시고 가끔 지나는 길에 한마디 한다.

"너 이제 스케이트 보드 연습 안 하니?"

"아뇨, 할 거예요. 날씨 따뜻해지면 밖에서 할래요. 안에서 하면 시끄럽고, 찬영이가 자꾸 옆에서 귀찮게 해서 연습하기 힘들어요"

나와 남편은 마주보고 씩 웃고 만다.


## 인생의 방향을 바꾸어 놓는 작은 성공 경험들

나 역시 어렸을 때 경험한 작은 성공들이 인생을 살면서 어떤 일을 할 때 큰 자신감을 갖게 하는 경우가 많았다.

어릴 때 수영과 테니스를 배웠다. 물론 성공적으로 배웠고 이 때문에 지금도 스포츠라면 뭐든지 잘 할 자신이 있다. 또 십자수를 배워 완성된 작품을 만들 때마다 작은 성공 경험을 맛보기도 했다. 이런 성공 경험들을 통해 나는 내가 원하고, 하고 싶은 것이 있다면 언제든지 할 수 있다는 자신감을 가질 수 있었다. 그래서 지금도 원하는 것이 있으면 언제든지 도전한다. 그러한 도전이 내 삶을 더욱 풍요롭게 한다는 것을 알고 있다.

어떤 것을 성취하려면 그만큼의 노력이 필요하다. 그런데 그 노력의 대가로 얻어진 결실이 달다는 것을 경험했기 때문에 새로운 일을 하는 것을 두려워하지 않고 즐거운 모험으로 생각하는 것이다. 그리고 내 아이도 그렇게 자라 주기를 바란다. 그래서 새로운 것을 해 보려고 하면 경험하도록 내버려둔다.


준영이는 처음에 글씨를 잘 쓰지 못했다. 왼손잡이였기 때문에 공책도 삐딱하게 놓고 썼다. 나는 처음부터 바로 잡아주었다. 삐딱하게 놓고 쓰지 말고 몸에서 공책을 어떻게 놓는 것이 편한지, 어떻게 놓고 쓰면 글씨를 잘 쓸 수 있는지 다양한 자세를 해봄으로써 아이 스스로 느껴보도록 했다.

손에 힘이 없어 글씨 쓰기를 힘들어하는 것을 보고는 손 힘을 길러 주기 위해 공 던지기도 하고 철봉에 매달리는 놀이도 같이 했다. 그러면서 아이는 손 힘을 기를 수 있었다. 그러던 어느 날 준영이는 마음먹고 정성들여 글씨를 썼다. 너무나 훌륭한 글씨였다.

"준영아 이거 네가 쓴 글씨니? 너무 잘 썼다. 역시 준영이는 마음만 먹으면 무엇이든지 잘하는구나. 네가 봐도 자랑스럽지?"

"네, 나 잘 썼죠?(어깨를 으쓱거리며 싱글벙글)"

작은 성공 경험을 많이 하도록 도와주면
자신감과 의욕이 넘치는 아이로 자라고
작은 실패 경험이 거름이 되도록 도와주면
뿌리가 튼튼한 아이로 자랍니다.

참으로 대견했다. 시간이 지나 손에 힘이 길러지고 나니 글씨체가 눈부시게 발전했던 것이다. 이처럼 마음먹고 열심히 노력하면 잘 할 수 있다는 경험을 하게 되자 아이는 많은 면에서 자신감이 넘치기 시작했다. 그러면서 학습지의 글씨도 정성 들여 쓰고, 받아쓰기 하는 공책도 더욱 좋아진 글씨체로 쓰기 시작했다.

## 실패 경험, 엄마 하기따라 큰 재산이 될 수 있다

성공 경험만큼이나 중요한 것이 실패 경험이다. 이때 실패는 그 경험을 어떻게 다루느냐 하는 것이 중요하다. 실패를 잘 다루면 약이 되지만 잘 다루지 못하면 진짜 실패로 끝나고 만다. 그래서 나는 성공 경험 못지 않게 실패 경험을 중요하게 생각한다.

준영이는 학교에 들어간 뒤 많은 실패 경험을 맛보아야 했다. 자신이 공부를 잘할 것이라고 생각했는데 다른 친구들이 더 잘한다는 것을 경험해야 했다. 유치원에서는 잘한다는 칭찬을 많이 받았는데, 학교에 들어가서는 수업 시간에 돌아다닌다고 벌 서고, 선생님 말을 듣지 않아 혼나는 일들이 많아졌다. 그러다 보니 학교 가는 것이 재미없다고 했다. 아이가 학교 가는 것이 재미없다고 하는 것은 가볍게 넘길 문제가 아니다.

학교 가기 싫어하는 것에는 되풀이되는 실패 경험이 크게 영향을 미친다. 그렇다면 일단 모든 아이들이 중요하게 생각하는 받아쓰기에서 뒤떨어지지 않도록 준비해 줄 필요가 있다.

준영이는 예상대로 받아쓰기를 잘 못했다. 나는 대화를 통해 받아쓰기를 못하는 이유가 무엇인지 알아보았다. 아이는 '읽기 책을 자주 학교에 두고 오기 때문에 집에서 연습할 기회가 없어서 못한다' 는 나름대로의 원인 분석을 내놓았다.

"그럼 엄마가 집에 늘 읽기 책을 준비해 두면 도움이 될까?"

"음, 그러면 좋을 것 같아요"

"그렇게 하면 받아쓰기 있는 날은 준영이가 알아서 공부할 수 있겠니?"

"네, 책을 보고 공부해 가면 잘 할 수 있어요"


이런 과정을 거쳐 준영이는 받아쓰기를 잘 하게 되었다. 노력하면 성공할 수 있다는 경험을 한 뒤에는 내게 받아쓰기 문제를 내 달라며 따라다니기도 했다. 예전에는 받아쓰기라고 하면 피하려고만 하던 아이가 실패를 극복한 성공 경험을 통해 능동적으로 바뀐 것이다.

성공 경험만 한 아이는 위험하다. 왜냐하면 인간은 불완전하기 때문에 누구나 언젠가는 실패를 경험할 수 밖에 없기 때문이다. 반대로 실패 경험만 한 아이는 세상에 맞서 살아갈 힘을 잃어버리고 만다.

지혜로운 엄마는 아이가 실패 경험을 통해 겸손함을 배우고, 실패 경험을 성공의 노하우로 승화시킬 수 있도록 옆에서 도와주는 사람이다.

# 스스로 선택하고 결정할 수 있는 폭을 넓혀주자

살아가면서 선택과 결정의 순간들을 무수히 많이 경험하게 된다. 아주 조그마한 선택이나 결정을 해야 하는 경우부터 아주 큰 문제를 결정하거나 선택해야 하는 경우까지 다양하다. 그런데 이러한 선택이나 결정을 할 때 올바로 할 수 있기 위해서는 어릴 때부터 연습이 되어 있어야 한다.

선택이나 결정과 떼래야 뗄 수 없는 것이 바로 책임이다. 아이들이 어렸을 때부터 심사숙고해서 어떤 일을 결정하고 그 선택에 대해 책임지는 연습을 한다면, 자기 인생에 대해 훨씬 더 주도적이며 자신감 있는 삶을 살아갈 수 있다. 그런데 이러한 주도성 훈련을 제대로 받지 못하다 보면 고등학생이 되어도 자신의 미래에 대해 자신 없어 하면서 방황하게 된다.

무엇보다 자살하는 학생들의 경우, 자신을 평가하는 것이 오로지 외부 잣대인 성적인 경우가 많다. 외적인 평가가 아니라 내적인 힘을 기르도록 잘 지도했더라면 좀 더 자신을 사랑하는 마음이 강했을 것이고, 자살이라는 선택을 하지는 않았을 것이다.

아이들에게 자기 자신을 평가하는 기준을 세워줄 때는 외부적인 잣대뿐 아니라 자신의 내면 세계를 잘 들여다보고 그 안에서 더 많은 가능성을 발견해낼 수 있도록 자기 주도적인 힘을 길러주어야 한다.

## 자기 결정권에 대한 주장을 고집부리는 것으로 이해해서는 안 된다

에릭슨의 사회적 심리 발달 이론에 따르면, 자기 주도성 발달은 3살부터 6살 사이에 이루어진다고 한다. 아이를 키워 본 엄마들은 이 시기의 아이들이 유난히 '나', '내가' 라는 말을 많이 사용하는 것을 느꼈을 것이다. 아이들이 무엇이든지 자신의 힘으로 해보려고 하는 시기이기 때문이다. 이때 아이들은 자기 힘으로 하려다가 안 되면 짜증을 내기도 하고, 도와주려고 하면 뿌리치면서 혼자 하려고 고집을 부리기도 한다.

준영이도 4살까지는 그저 얌전한 아이였는데 5살부터는 무엇이든지 혼자 하려고 고집을 부렸다. 그러다 뜻대로 되지 않으면 울고 짜증을 냈으며, 도와주려고 하면 신경질을 내면서 자기가 해야 한다고 소리쳤다.

처음에는 이해가 되지 않았다. 그러다 보니 나도 같이 짜증을 내고 신경질적인 반응을 보이기도 했다. 그런데 가만히 생각해 보니 아이의 입장이 이해가 되었다. 자신의 힘으로 해보고 싶은데, 마음대로 되지 않아 짜증은 나고, 그 짜증을 자신한테 낼 수는 없으니 엉뚱하게도 도와주려는 주변 사람에게 내는 것이었다.

그러므로 이럴 때는 가만히 지켜보면서 기다려주는 것이 가장 좋다. 그렇지 않고 "짜증내지마, 엄마가 해 줄게" 하면서 아이가 하던 것을 빼앗아버리면 아이는 자신의 능력에 대해 의심을 하게 된다.

한편, 이때는 모든 일이 자신의 생각대로 되지 않는다는 것을 배워나가는 시기로, 실제적인 성공과 좌절의 경험을 겪는 시기이기도 하다. 그러므로 부모들은 주의 깊게 살펴보면서 아이가 자존감을 다치지 않으면서 자기 주도성을 발달시켜나갈 수 있도록 도와주어야 한다.

나는 큰아이의 자기 주도성을 발달시키는데 있어서 실수한 점이 많다. 아이가 주도적으로 무엇인가 하려고 할 때마다 바쁘다는 핑계로 또는 남편이 아이를 혼내는 것이 싫어서 내가 먼저 아이를 엄하게 통제했던 시기가 있었기 때문이다.

아이의 선택은 서툴기만 해서 엄마는 늘 불안하기만 합니다.
그렇다고 그 선택을 엄마가 대신해 줄 수는 없습니다.
다만, 그 서툰 선택이 지혜로운 선택으로 자랄 때까지
옆에서 지켜봐주고 기다려주는 것이 필요합니다.

그 덕분에 아이가 아빠와 친하게 지낼 수 있는 통로를 만들어주는 데는 성공했지만, 아이로 하여금 자기 주도성을 가지게 하는 데는 나쁜 영향을 미쳤던 것이 사실이다. 그 때문에 아이는 자기 생각보다 엄마인 내 생각에 많이 의지하는 경향이 강했다. 이런 사실을 잘 알고 있었기 때문에 이제는 아이가 더 많이 결정하고 더 많이 선택할 수 있도록 끊임없이 연습을 하고 있다.

하지만 아이는 요즘도 가끔 자신의 일을 하면서 "엄마는 어떤데? 엄마는 어떤 게 좋아요?"라고 묻는다. 그럴 때마다 "준영아, 엄마 의견도 중요하겠지만, 엄마는 준영이의 의견이 무엇인지 궁금해"하면서 아이가 자신의 생각으로 어떤 결정이나 판단을 내릴 수 있도록 유도한다.

그러나 아직 어리다 보니 "그래도 엄마 생각은 어때?"하면서 끝까지 내 의견을 물어오는 경우가 있다. 그럴 때면 "그럼, 우리 동시에 같이 말할까?" 하면서 타협안을 제시한다. 그리고는 아이가 자신의 의견을 먼저 말할 수 있도록 나는 조금 천천히 말한다.

## 잘못했을 때는 잘못한 행동에 대해서만 꾸짖는다

아이의 자기 주도성을 키워주기 위해서는 아이가 잘못했을 때 아이 자체를 꾸짖기보다 잘못된 행동이나 말을 타일러야 한다. 이론상으로는 누구나 공감하는 이야기다. 그런데 실제 생활에서는 이것이 잘 안 되는 경우가 많다.

어느 날 길을 가다가 아주 교양 있게 아이의 잘못을 타이르는 엄마를 본 적이 있다. 너무도 대단해 보였다. 그러면서도 '저 사람도 매번 저렇게 하는 것은 아닐 거야. 가끔은 아이에게 소리도 지르고 쌍심지도 켜고 그러겠지' 하면서 나를 위로했다.

아이 때문에 화가 날 때면 늘 떠올리는 장면이 있다. 큰아이가 두 돌 되기 전에 수영장에 간 적이 있다. 그때 3살 정도 된 딸을 데리고 온 일본인 아빠가 있었는데, 휴식 시간에 수영장에 들어가겠다고 우는 딸아이에게 왜 들어갈 수 없는지 설명하는 모습을 본 적이 있다. 그 일본인 아빠는 마치 다 큰아이에게 하듯 부드럽고 조용한 어투로 10분 동안이나 설명하고 설득했다.

그 모습을 옆에서 보고 있던 남편은 "나 같으면 한 대 때리고 말지 저렇게는 못한다"는 반응을 보였다. 사실 보통의 부모라면 그렇게 오랫동안 아이를 설득하는 것보다는 혼을 내서 빨리 상황을 마무리하는 쪽을 택했을 것이다.

나는 그 모습을 통해 그 아이의 아빠가 아이를 잘 이해해주고, 아이의 마음을 잘 알아주고 있다는 생각을 했다. 그 때문인지 다음 휴식 시간에는 울지 않았다. 자신의 마음을 알아준 아빠의 마음을 알았기 때문일 것이다.

나는 준영이가 어떤 잘못을 했을 때면, 그래서 타일러야 할 때가 있으면 먼저 그 일본인 아빠의 모습을 떠올린다. 그리고 아이를 혼내는 것이 아니라 아이가 잘못 알고 있는 것이나 잘못한 행동에 대해 부드럽게 타이르려고 노력한다.

## 스스로 선택할 수 있는 기회를 끊임없이 만들어 주라

큰아이를 키워 본 경험 때문에 둘째 아이 찬영이는 좀 더 여유롭게 키울 수 있었다. 둘째는 그런 점에서 많은 이득을 본 셈이다.

찬영이는 자기 주도성이 21개월부터 나타났다. 그것도 아주 강했다. 무엇이든지 '나', '나' 하면서 자기 것이라고 주장하고, 자기가 해보겠다고 고집을 부렸다. 5살 넘어 자기 주도성을 보이기 시작했던 큰아이와는 너무나 달랐다.

찬영이의 자기 주도성은 먼저 식탁에서 시작되었다. 또래의 다른 아이들은 한창 떠 먹여 달라고 어리광을 부릴 시기였는데, 찬영이는 숟가락으로 밥을 먹고 심지어 젓가락질까지 했다. 젓가락질은 힘들다보니 금방 포기했지만 스스로 밥을 먹는 것은 계속되었다. 이뿐이 아니었다. 옷도 스스로 골라 직접 입으려고 했고, 씻을 때도 스스로 하겠다고 고집을 피웠다.

이런 자기 주도성은 학습에서도 나타났다. 연필도 큰아이보다 훨씬 빨리 잡더니 낙서를 하기 시작했다. 형이 하던 것을 보고 그대로 흉내내다 보니 큰아이보다 무엇이든지 빨랐다. 하지만 마음만큼 근육 발달이 따라가지 않아 힘들어했다.

그래서 아이에게 자신의 힘으로 할 수 있는 것들을 만들어 주어야 했다. 아이가 스스로 할 수 있는 일들을 조금씩 만들어주면서 성공의 기회를 맛볼 수 있도록 해주고 싶었다. 물론 한계를 분명히 그어 제한된 상황 안에서 스스로 할 수 있도록 했다. 어떤 것은 형이나 다른 사람의 것이니 함부로 만져서는 안 된다거나, 위험한 행동은 하지 않도록 주의를 주었다.

그런데 위험한 행동에 대해서는 남자 아이라서 그런지 말을 듣지 않고 고집을 피웠다. 아이는 칫솔질 하는 것을 좋아했다. 문제는 칫솔을 물고 다닌다는 것이었다. 칫솔을 물고 다니다가 넘어지면 위험하기 때문에 칫솔질을 할 때는 제자리에 서서 할 것과 움직일 때는 입에서 칫솔을 빼야 한다고 가르쳐 주었다. 그런데 잘 되지 않았다. 그러다가 어느 날 칫솔을 입에 넣고 뛰어 다니다가 넘어져 다치고 말았다. 그제야 아이는 칫솔을 물고 다니는 것을 조심하기 시작했다.


아이가 자기 주도성이 생기기 시작하면 필연적으로 뒤따르는 것이 엄마와의 싸움이다. 일반적으로 아이들의 자기 주도성을 두고 어른들은 '고집'이라고 표현하기 좋아하지만 따지고 보면 고집이라기보다 아이의 정신 세계가 한 단계 업그레이드되는 것이나 마찬가지다. 따라서 아이가 더욱 성장했다는 것을 뜻하기 때문에 부모는 여유로운 마음을 갖고 아이를 바라봐야 한다.

나는 두 아이의 자기 주도성을 키워주기 위해 스스로 선택할 기회를 끊임없이 만들어 준다. 그때마다 아이들이 늘 올바른 선택을 할 거라고는 기대치 않는다. 왜냐하면 아이는 '올바른 선택'을 '배워 가고' 있는 연습 중이기 때문이다. 다만, 자신의 선택에 따른 결과를 통해 자기 책임에 대해 배울 수 있도록 옆에서 지켜봐주고 기다려줄 뿐이다.

이런 훈련이야말로 질풍노도의 사춘기를 거치고 긴 인생을 살아가야 할 아이들에게 큰 도움이 된다는 것을 잘 알기 때문이다.

# 개개인의 차이를 인정하면
# 타인에 대한 배려의 마음이 생긴다

점점 복잡해지는 사회에서 대인 관계의 중요성은 더욱 커지고 있다. 그런데 어디에서도 대인 관계를 배워 볼 기회는 없다. 대가족 사회에서는 집안에서 가족끼리 부대끼며 자연스럽게 대인 관계를 배울 수 있었다. 그런데 지금은 핵가족 사회인데다 개개인이 너무 바쁜 관계로 대인 관계를 연습해 볼 수 있는 폭이 무척 좁아지고 말았다.

하지만 사회가 분화되면서 예전보다 훨씬 더 많은 사람들을 만나면서 살아야 하는 현대인들에게 대인 관계는 빼 놓을 수 없는 삶의 기술이라고 할 수 있다. 실제로 세계는 점점 글로벌화 되어 가고 있고, 지금의 아이들이 자라나 어른이 되면 세계 속에서, 세계인들과 함께 살아가야 할 것이다. 이런 상황에서 다른 사람을 이해하고 배려하는, 곧 개개인의 차이를 인정하고 받아들이는 연습은 무척 중요하다.

## 다른 사람의 마음을 느껴보게 하는 역할 놀이

준영이가 유치원에서 여러 명의 아이들과 한꺼번에 싸운 적이 있다. 한 명에게 여러 명이 달려들어 공격한 사건이었는데, 처음에는 대수롭지 않게 생각하고 지나갔다. 그런데 그 일이 있은 뒤 아이는 유치원이 재미없다며 가기 싫어했다.

나는 담당 선생님을 만나 아이의 상태를 말해주고 어떻게 하는 것이 좋을지 상의했다. 아이들이 장난삼아 그럴 수 있는 일이었지만 아무런 조처 없이 지나가면 똑같은 일이 또 생길 것이고, 그런 일은 다른 아이에게도 얼마든지 일어날 수 있었다.

어떻게 하면 아이들이 다른 사람을 배려하고, 다른 사람의 감정에 대해 알려고 하는 마음을 가지게 할 수 있을지를 놓고 담당 선생님과 오랫동안 상의를 했다. 어릴 때부터 다른 사람을 배려하고, 남의 감정에 대해 알려고 하는 마음을 가지게 할 필요가 있다는 생각 때문이었다. 무엇보다 남자 아이들의 경우, 남의 감정에 대한 관심이 상대적으로 무딘 편이기 때문에 적절한 때에 적절한 가르침이 꼭 필요하다. 담당 선생님도 나와 비슷한 생각을 가지고 있었다.

담당 선생님은 준영이와 함께 싸운 아이들을 모두 불러내어 역할 놀이를 마련했다. 한 명 한 명 준영이의 위치에 서 보게 함으로써 간접적으로 준영이의 마음이 어떠했을지 느껴보도록 했던 것이다. 자신들이 한 행동이 잘못된 것이라고 직접적으로 혼내기보다 아이들 스스로 상대방의 위치에 서 보게 해서 어떤 느낌이 드는지 경험하도록 하여 아이들이 스스로 깨닫도록 했던 것이다.

역할 놀이는 다른 사람의 감정을 알 수 있는 가장 좋은 방법으로 상담에서 많이 사용하는 기법 중의 하나인데 요즘은 많은 곳에서 다양하게 이용되고 있다. 나 역시 아이들을 가르칠 때 많이 사용한다.


남자 아이들은 호기심 때문에 작은 동물이나 곤충을 잔인하게 죽이는 경우가 있다. 아이들이 갖고 있는 호기심은 이해할 수 있지만, 호기심을 그런 식으로 충족시키는 것은 올바르지 않다. 다른 사람에 대한 배려는 사람뿐만 아니라 식물이나 동물까지 확대되어야 하기 때문이다.

나는 준영이에게 작은 생물도 존중해야 한다는 사실을 설명해 주었다. 처음에 아이는 이해하지 못하는 눈치였다. 나는 이렇게 말했다.

"만약 누군가가 네 팔이나 다리를 잘라버려 걷지도 못하고 움직

아이의 마음에 공감하고 이해하려는 엄마의 노력을 보면서

아이는 배려가 무엇인지를 말없이 배워 갑니다.

이지 못한다면 너는 어떻겠니?"

아이는 금방 대답을 하지 못했다. 하지만 아이의 대답을 재촉하지 않고 충분히 생각할 시간을 주었다. 시간이 지나도 아이는 대답을 하지 않았다. 그렇지만 행동으로 대답했다. 다시는 작은 생명을 함부로 죽이지 않았던 것이다. 아이가 동물의 입장에서 자신을 들여다보는 기회를 가질 수 있었기 때문이다.

그런데 만약 "너 정말 나쁜 아이구나, 다시는 그러지마!"라고 호통을 치거나, 반대로 단순한 호기심으로 생각해 아무런 문제 의식을 심어주지 않고 넘어가 버렸다면 아이는 기회가 되면 또 다시 작은 생명을 함부로 죽였을 것이다.


## 남을 배려하는 것에서 시작해 봉사하는 것으로 마무리 되는 대인관계

사람이 많이 모인 곳에 가면 도움을 바라는 장애인들이 있다. 남편은 준영이가 아주 어릴 때부터 잔돈을 쥐어주며 직접 갖다 주라고 했다. 어려운 사람은 도와주어야 한다는 마음을 알려주기 위해서였다.

사람들 중에는 "그런 사람들이 너무 많다", "그 중에 가짜도 있다"는 이유로 도움의 손길을 외면할 때가 있다. 그렇지만 중요한 것은 도움을 주고자 하는 마음을 손상시켜서는 안 된다는 점이다. 속이는 사람이 있을지언정 실제로 도움을 필요로 하는 사람도 많은 것이 현실이기 때문이다.

천재지변으로 피해를 당한 사람들 이야기가 뉴스에 나오면 같이 가슴 아파하고 어떻게 하면 도와줄 수 있을까 고민하는 모습을 아이에게 보여준다. 그러면 아이도 조금씩 관심을 갖는다.

"엄마, 그러면 저 사람들은 뭐 먹고 살아요? 학교는요?"

아이는 자신의 머리로 생각할 수 있는 온갖 걱정들을 늘어놓는다. 나는 그 사람들이 원래대로 살기 위해서는 시간이 많이 걸리고 돈도 많이 든다는 이야기를 해준다. 그리고 다른 사람들이 도와주면 도와줄수록 더 빨리 편안한 생활로 돌아갈 수 있다고 말해준다. 그러면 아이는 얼른 도와주자고 말한다. 이런 과정을 통해 아이는 다른 사람의 어려움에 대해 나 몰라라 하지 않고, 남을 도와주고 배려할 수 있는 아이가 되어 가는 것이다.

다른 사람을 배려하고, 다른 사람의 감정에 공감하려고 노력하는 것은 어릴 때부터 경험하도록 하는 것이 좋다. 그러기 위해서는 먼저 부모가 남을 배려하고 다른 사람의 감정에 공감하는 모습을 많이 보여주어야 한다. 아이들은 어른들이 어떻게 반응하는가를 보고 그대로 따라 하기 때문이다.


다른 사람을 배려하는 가장 실천적인 모습은 자원봉사다. 그런데 요즘 학생들 중에는 점수를 따기 위해 억지로 자원봉사 활동을 하거나, 봉사 활동을 해야 할 시간에 자신은 공부를 하고 대신 돈을 주고 다른 사람을 사서 시키는 경우가 있다고 한다. 문제는 아이들의 이런 행동을 부모가 앞장 서서 조장한다는 것이다. 그렇게 해서 공부 잘하고, 좋은 대학에 들어간들 무슨 소용이 있을지 참으로 안타깝기 짝이 없다.

부모들은 한치 앞만 내다보고 자녀들을 교육시켜서는 안 된다. 당장은 그렇게 하는 것이 자녀에게 득이 될지도 모르지만 멀리 내다보면 평생 독이 될 수도 있다는 것을 생각해야 한다.

천재지변으로 어려움에 처한 곳에 자녀들과 함께 자원봉사를 가는 부모들이 있다. 또한 자원봉사가 늘 몸에 배어 있는 사람들도 있다. 나는 솔직히 그 사람들의 발뒤꿈치도 따라가지 못한다는 것을 인정한다. 그것이 얼마나 힘든 일인 줄 알기 때문이다. 그래서 그런 사람들을 존경한다.

남편과 나는 아이들이 좀 더 자라면 가족끼리 자원봉사를 가자는 말을 자주 한다. 어떤 이론 공부보다, 어떤 말보다 효과적인 교육이 경험이라는 것을 알기 때문이다.


세상을 살아가면서 가장 소중한 자산이 사람이라는 것을 아이들이 알았으면 한다. 가장 소중한 자산이 사람이기 때문에 좋은 대인관계는 아이들에게 큰 재산이 될 것이다. 그래서 오늘도 아이들이 바깥에서 여러 친구들과 노는 것에 대해 고마움을 느낀다. 가족을 벗어나 친구들과 잘 어울릴 수 있다면, 그 안에서 갈등도 겪으면서 좋은 대인 관계를 배울 것이기 때문이다.

# 존중받고 자란 아이가
# 남을 존중할 줄 알게 된다

매를 들지 않고 아이를 키우기는 굉장히 어렵다. 순간순간 체벌의 유혹을 느낄 때가 많다. 매를 들면 쉽게 상황을 끝낼 수 있다는 것을 잘 알기 때문이다. 그러나 쉽게 수습하는 것만큼 아이에게 큰 상처를 남긴다는 것을 가끔 잊는다.

큰아이를 키울 때, 처음에는 아무 죄책감 없이 매를 들었다. 그러다가 겁에 질린 아이의 얼굴 표정을 보고 내가 어렸을 때 왜 그토록 어머니를 무서워했는지 기억해냈다. 좋아하면서 동시에 두려운 존재로 엄마를 느끼고 있었던 아이. 이중적인 감정으로 혼란스러워하는 아이를 보면서, 대인관계를 형성하는데 있어 엄마의 역할이 얼마나 중요한지 절실히 깨달았다.

엄마란 아이에게 늘 절대적인 존재다. 그런 절대적인 존재가 화를 내면 아이들은 세상이 끝날 것 같은 두려움을 느끼게 된다.

나 역시 어렸을 때 어머니가 화를 내면 어떻게 해야 할지 몰라 당황한 적이 많았다. 그래서 어머니의 뜻을 거스르지 않으려고 노력했다. 하지만 많은 경우 그것은 겉으로 드러내 보이는 것에 지나지 않았다.

어머니의 뜻을 따르기 위해 좋아하지 않는 일을 해야 할 경우, 속일 수만 있다면 속여서라도 내가 하고 싶은 일을 몰래 했다. 물론 그런 뒤에는 죄책감을 가져야 했다. 하지만 처음에는 죄책감도 느꼈지만 시간이 흐르면서 죄책감도 없어진다는 것을 알았다.

어른이 된 지금 돌이켜 생각하면, 힘든 결정을 해야 할 때나 무서운 일을 경험했을 때 부모님에게 의논하는 것이 두려웠던 것이 사실이다. 시간이 흘러 내게 힘이 생긴 지금, 이제는 어렵고 힘든 일도 부모님에게 의논할 수 있게 되었다. 그리고 오히려 나이든 부모님이 내게 의논을 해 오는 경우가 더 많아졌다.

## 부모가 아이를 존중하면, 아이는 자신감과 자존감이 높아진다

아이가 부모의 말을 잘 듣는 경우를 생각해 보자. 말을 잘 듣는다는 것은 많은 경우 부모의 결정에 아이가 잘 따른다는 것을 뜻한다. 이런 아이가 처음에는 편하다고 느낄지도 모른다. 하지만 아이가

엄마는 아이 마음에
따뜻한 세상을 그려 줄 수도
차갑고 냉정한 세상을 심어 줄 수도 있는 자유 화가입니다.

대학을 졸업하고 사회에 나가고 난 뒤에도 계속 부모가 결정을 대신해줄 것인지 생각해 보아야 한다.

부모의 결정에 무조건적인 순종으로 따르는 아이는 결국 부모에게 힘의 지배를 받으며 성장하는 것이나 마찬가지다. 이런 아이는 집 밖에서도 늘 자기보다 더 큰 힘의 지배를 받을 가능성이 있어 진실되고 성숙된 대인관계를 맺기 어렵다.

나 또한 부모님의 힘의 지배에 눌린 채 자랐다. 그 때문에 대인관계에서 상처도 많이 받았다. 그 상처를 치유하기 위해 많은 시간을 들여야 했으며, 상담 공부를 하게 된 계기도 그 때문이다. 심지어 나 자신이 상담을 받기도 했다.

그런 과정을 통해 인간관계에서 가장 중요하고 우선시되어야 할 것이 무엇인지 알게 되었다. 그것은 바로 존중이었다. 그래서 나를 통해 세상에 나왔지만, 내 마음대로 할 수 없는 두 아이를 나는 존중하려고 노력한다.

아이들이 물잔을 엎지르거나 그릇을 깨고, 숟가락이나 젓가락질을 제대로 하지 못해도 결코 야단치지 않는다. 무엇이든지 익숙해지기 전까지는 계속 경험해 볼 수 있는 기회가 필요하기 때문이다. 그것이 교육이라고 생각한다.

아이들에게 좋은 습관을 들여줄 때도 마찬가지다. 처음에는 귀찮아하면서 싫어하는 경우가 대부분이다. 하지만 하고 난 뒤의 좋은 결과를 계속해서 경험하게 하면 아이는 관심을 갖는다. 그렇게 해서 스스로 좋은 습관을 몸에 익힐 수 있도록 해야 한다. 그렇게 하기 위해서는 야단보다는 격려와 칭찬을 많이 해야 하고, 그것은 아이를 존중하는 마음에서 비롯된다.

사람은 자신이 경험한 만큼 배우고 느낄 수 있다. 그러므로 감정도 자꾸 느낄 수 있도록 해주고, 좋은 생각이나 창의적인 생각들을 많이 할 수 있도록 이끌어 주어야 한다.

그리고 중요한 것은 부모가 아이를 존중해주는 것이다. 부모가 아이를 존중해줄 때, 아이는 그런 경험을 통해 다른 사람을 존중할 줄 알게 된다. 부모의 사랑과 존중을 통해 아이는 자주적이고 자존감이 높은 아이로 성장할 수 있을 것이다.

# 적절한 규칙은
# 자율성과 자기통제력을 길러준다

어떤 집은 부모가 너무 엄해 아이들의 자유가 거의 없는 집이 있고, 어떤 집은 아이들이 모든 것을 행사하고 부모는 시녀 노릇을 하는 집도 있다. 양쪽 모두 바람직한 가정이라고 볼 수는 없다.

자유를 누려보지 못한 아이는 자기 주도성을 키우지 못하게 되어 자신에게 힘이 생기면 폭군이 될 가능성이 크다. 반대로 너무 자기 고집대로 키운 아이는 남을 배려하지 못하는 사람으로 성장해 사회성이 떨어지고 방종을 일삼게 되는 경우가 많다.

바람직한 양육 형태는 이 두 가지가 잘 녹아 있는 것이 좋다. 곧 적절한 자유를 누릴 줄도 알고, 적절한 자기 통제도 할 줄 아는 것이 그것이다.

합의된 한계 아래 자유를 주게 되면 아이들은 자유를 경험하기도 하고, 자기 통제력을 몸에 익히기도 한다. 이것은 적절한 규칙을 만들어 가족 구성원이 함께 지키는 연습을 통해 실천할 수 있다.

이때 규칙은 부모가 일방적으로 정해서는 안 된다. 가족 구성원이 뜻을 모아 정해야 하며, 모두가 납득할 수 있도록 합리적이어야 하고, 그 규칙을 지키는 이유도 분명해야 한다. 규칙의 목적이나 참된 의미를 알지 못하면 규칙은 그야말로 성가신 규제가 되고 말기 때문이다.


## 자유가 많아지면 자기 통제라는 그림자도 길어진다

큰아이가 철이 들고 난 뒤 가장 먼저 가르친 것은 쓰레기를 함부로 버리지 말 것과 돈을 주지 않고 남의 물건을 가져와서는 안 된다는 것이었다. 물론 왜 그렇게 해야 하는지 이해할 수 있도록 쉬운 말로 설명해 주었다.

처음에는 잘 이해를 못했는지 함부로 쓰레기를 버리기도 하고 남의 물건을 말없이 집어 오기도 했다. 하지만 시간이 지날수록 다른 사람과 함께 평화롭게 살기 위해서는 쓰레기를 버려서는 안 되고, 남의 물건을 마음대로 가져와서도 안 된다는 것을 조금씩 알기 시작했다.

나는 아이가 지켜야 할 규칙의 범위를 조금씩 넓히기 시작했다.

규칙 자체보다는 아이와 함께 규칙을 만들어가는 과정이 중요하고
규칙을 지키라고 강요하기보다는 규칙을 지키면 무엇이 좋은지
아이가 느낄 수 있도록 배려하는 것이 더 중요합니다.

어린 동생이 있으므로 밖에서 놀다가 들어 올 때는 조용히 들어와 손발을 깨끗이 씻은 다음 깨끗한 옷으로 갈아입게 했다. 처음에 아이는 옷을 벗고 갈아입으라는 말에 놀라기도 했다. 하지만 '동생이 어리니까 밖에 놀면서 먼지가 많이 묻은 더러운 옷은 벗어야 한다'고 설명해주자 이해했다.

그리고 집에는 6시까지는 돌아와야 하며(여름에는 7시), 그날 할 일은 그날 해야 하고, 자신이 한 실수에 대해서는 자신이 책임져야 한다는 것에 대해 아이와 합의했다. 또 엄마가 밥상을 차리면 수저를 놓고, 밥을 마지막으로 먹은 사람이 남은 반찬과 식탁 정리를 하고, 시장에 갔을 경우 각자 물건을 잘 들고 갈 것 등 가족이 서로 도와주어야 한다는 규칙을 세웠다.

그런데 가장 중요한 것은, 앞서 이야기했듯이 모든 규칙은 아이 스스로 정한다는 느낌이 들게 해야 한다. 그렇게 하기 위해서는 왜 지켜야 하는지를 충분히 설명해 주어야 한다.

그렇지 않으면 아이들은 불만을 갖게 되고 규칙을 지키려 하지 않게 된다. 그리고 꼭 기억해야 할 점이 규칙은 일관되게 적용되어야 한다는 것이다. 어떤 때는 해도 되고 어떤 때는 안 된다면 그것은 이미 규칙으로서의 의미를 잃어버리고 만다.

규칙을 정할 때는 모든 가족이 모인 자리에서 하는 것이 바람직하다. 다만 처음부터 가족 회의를 소집한다고 하면 다들 어색해하므로 가족이 모이는 편안한 시간대를 이용해 자연스럽게 의견을 모으면 된다. 나는 주로 식사 시간을 이용해 가족들이 지켜야 할 규칙에 대해 같이 이야기를 나눈다.

그리고 어떤 규칙들은 아이들이 자라면서 재검토해야 할 필요도 있다. 큰아이는 밖에서 놀다가 들어오면 손발을 씻고 옷을 갈아입어야 한다는 규칙이 있었다. 그런데 동생이 걸어 다니기 시작하고, 아무것이나 주워 먹지 않을 정도로 자라자 큰아이에게도 손발만 깨끗이 씻고 옷은 갈아입지 않아도 된다고 규칙을 바꾸어 주었다.

시간이 흐르고 아이들이 자라면 환경이나 상황이 바뀌게 되므로 규칙들도 융통성있게 바꿀 수 있어야 한다. 그렇지 않고 아이들은 자꾸 자라는데 어른들의 생각이 바뀌지 않으면 계속 갈등을 겪게 된다.

아이를 키운다는 것은 정해진 길을 따라 걸어가는 것이 아니라 늘 아이와 함께 변화하는 길 위에 서 있는 것이다.

# 인간의 성장이란 부끄러운 것이 많아지는 과정이다

아이들은 돈이나 남의 물건을 훔치는 경우가 있다. 견물생심이라고 일단 돈을 알게 되면 유혹이 생기게 마련이다. 이것을 잘 넘기면 좋은데 대부분의 아이들은 이 유혹을 견디기 어려워한다. 어떨 때는 아이들의 마음이 이해가 되기도 한다. 갖고 싶은 것은 많고 부모님이 주는 용돈은 모자라니 어쩌겠는가! 준영이와 찬영이도 3살이 되기 전에 남의 장난감을 훔쳤다가 혼이 난 적이 있다.

어린이집에 다니기 시작한 큰아이는 집에 오면서 어린이집의 장난감을 가져오고 싶어 했다. 안 된다고 단호하게 혼을 냈더니 선생님이 일단 가져갔다가 다음날 가져오면 된다고 했다면서 계속 가져

왔다. 나는 아이에게 차근차근 설명해 주었다.

"어린이집 장난감은 여러 아이들이 같이 갖고 노는 것이야. 네가 집으로 가져오면 다른 아이들이 가지고 놀 수가 없잖아"

아이는 잘 이해하지 못하는 눈치였지만 시간이 지나자 점점 가져오는 횟수가 줄었다. 둘째 아이도 비슷했다. 이모 집에 가면 내 손을 잡고 장난감을 꺼내달라고 한다. 나는 엄마가 이 집의 주인이 아니고 이모가 주인이니 이모에게 물어보라고 말한다. 그러면 아이는 이모의 손을 잡고 허락을 구했다. 이런 과정을 몇 번 되풀이하자 아이는 집이 아닌 곳에 가면 주인이 누구인지부터 탐색했다. 그런 다음 주인의 허락을 구하는 제스처를 취했다.

남의 물건을 탐내는 행동에 대해서는 처음부터 단호하게 말하는 것이 중요하다. 아이들의 버릇은 아주 어렸을 때 결정된다. 그러므로 남의 물건을 훔친다거나 거짓말을 하는 것은 되도록 어릴 때부터 확실하게 고쳐주는 것이 좋다.

## 야단을 무서워하기보다 스스로의 행동을 부끄러워할 줄 아는 아이

큰아이가 6살 때 문방구에서 물건을 훔쳐온 적이 있다. 친구들끼리 우르르 몰려가 물건을 사는 과정에서 어떤 형이 사주었다고 했다. 그 형이 돈을 내는 것을 보았는지 물어보자 대답을 못하고 얼버무렸다. 뭔가 문제가 있다는 생각에 아이를 추궁했다.

“준영아, 형이 사 준다고 했다고 그냥 가지고 오면 안 돼. 그 형이 돈을 내고 사서 네게 주면 가지고 올 수 있는 거야”

아이는 울면서 잘못했다고 말했다. 나는 “이건 도둑질이야. 형이 사준다고 해서 가지고 왔다지만, 정확히 계산하지 않았다면 남의 것을 그냥 가져 온 것이나 마찬가지야”라고 말해 주었다.

아이는 잔뜩 겁을 먹었다. 그리고는 “그럼, 이제 경찰에 잡혀 가요?” 라고 물었다. 경찰에 잡혀가는 것을 무서워하기보다 창피한 것을 먼저 느낄 수 있도록 가르쳐줘야 할 때인 것 같았다. 나는 아이에게 문방구 아줌마에게 사과하고 물건을 돌려주어야 하지 않겠냐고 제안했다. 아이는 가지 않겠다고 했다. 그러면서 나보고 대신 갖다 주라고 했다. 창피한 것은 아는구나 하는 생각이 들었다. 하지만 자신이 한 행동에 대해 스스로 책임지는 것이야말로 가장 중요한 일이었다.

“준영아 네가 한 행동이니 네가 책임지는 것이 중요해. 나쁜 일을 했으니까 창피를 당하는 것은 당연해. 하지만 다음에는 절대로 이런 일이 없도록 하면 돼. 그러니 준영이가 직접 갖다 줘야 해”

“……”

“엄마가 대신해 줄 수는 없지만, 준영이가 힘들면 엄마가 같이 가 줄 수는 있는데…… 엄마가 같이 가 줄까?”

“네……”

그렇게 해서 그 문제는 일단락되었다.

나는 아이가 밖에서 놀다가 집으로 돌아오면 간식을 사 먹을 수 있도록 아침마다 5백 원쯤 되는 동전을 놓고 나간다. 그러면 어떤 날은 아이스크림을 사 먹고 어떤 날은 과자를 사 먹기도 한다. 어떤 때는 아무것도 사 먹지 않는 날도 있다.

아직 많은 돈을 규모 있게 쓸 수 있는 능력이 없기 때문에 하루에 5백 원 정도로 시작했지만 아이가 자라면 돈의 액수도 조금씩 많게 하고, 돈을 준비해두는 기간도 늘릴 생각이다.

돈이 궁하지 않는데도 재미로 물건을 훔치는 경우가 있다. 아이들은 자라면서 또래 집단을 형성하는데, 그 집단 속에 섞이다 보면 흔히 저지를 수 있는 것이 훔치는 행동이다. 동네 슈퍼에서 주인 몰래 과자나 아이스크림을 훔쳐 먹는 것이 가장 일반적인 모습인데, 들키지 않았을 경우 그것이 성공 경험으로 인식돼 그 행위를 되풀이하게 되고, 다른 친구들에게도 알려주어 놀이 형식으로 함께 하는 상황으로 발전하기도 하다. 그러다 보면 과자 사 먹을 돈이 있는데도 훔쳐 먹는 것이다.

## 부끄러움을 모르면 같은 잘못을 되풀이한다

준영이가 초등학교 1학년 때다. 집에 돌아와 저녁을 먹던 아이가

자신이 소중하다는 것을 알지 못하는 아이는
진정한 부끄러움을 배울 수 없습니다.

이렇게 말했다.

"엄마, 친구가 아이스크림 몰래 훔쳐 온 것을 보고 나도 갖다 달라고 했어요. 그래서 같이 슈퍼에 가서 훔치다가 들켜서 아저씨한테 벌 서고 혼났어요"

어이가 없었다. 어울려 놀기만 하는 줄 알았더니 무리지어 다니며 물건을 훔치기까지 했던 것이다. 가슴이 철렁 내려앉았다. 놀란 가슴을 어떻게 표현해야 할지 막막했다. 하지만 먼저 이야기를 꺼낸 아이의 솔직함을 인정해주는 것이 우선이겠다는 생각이 들었다. 아이가 이야기를 하지 않았더라면 영원히 몰랐을 것이고, 그것이 도벽으로 발전했을 수도 있었을 테니까.

나는 먼저 "엄마에게 솔직하게 말해주어서 고맙다"고 한 뒤 "네가 한 나쁜 행동에 대해 그 슈퍼 아저씨에게 가서 정중히 사과해야 한다"고 말해주었다. 아이는 겁이 나는지 아빠에게는 말하지 말라고 했다. 맞아 죽을지도 모른다면서. 어이가 없었다.

"준영아, 네가 솔직하게 말하고, 무엇을 잘못했는지 안다면 때리지 않을 거야. 다만, 이제 앞으로 어떻게 해야 할지 서로 의논하는 것이 중요하겠구나. 친구 엄마 아빠도 알고 있니?"

"아뇨, 아마 모를 거예요"

"그럼, 아빠가 가서 친구의 부모님에게 말씀드리고 같이 사과하러 가야겠구나"

"하지 말아요"

"그 친구가 계속해서 남의 물건을 훔치면 어떡하니? 미리 부모님에게 알려 그 친구가 더 이상 나쁜 짓을 하지 않도록 해야 한단다. 그리고 너도 앞으로 남의 물건을 훔치는 친구가 있으면 어떻게 할래? 또 훔쳐달라고 할 거니?"

"아뇨, 이젠 나쁜 짓이니 하지 말라고 할래요"

"그래, 그럼 아빠가 오시면 말하고 같이 가서 사과하자"

아이는 풀이 죽어 울먹였다. 그렇지만 자신이 한 잘못이 어떤 것인지 아직 그 크기를 가늠하지는 못하는 것 같았다. 이런 일을 겪을 때마다 '앞으로 이런 일을 얼마나 더 많이 겪어야 할까? 그리고 그때마다 어떻게 대처하는 것이 과연 현명한 것일까?' 하는 생각으로 걱정이 앞선다.


퇴근한 남편에게 그 동안의 사정 이야기를 했다. 뜻밖에 남편은 심각하게 생각하지 않는 듯 했다. 나는 질근 눈을 감으며 남편에게 눈치를 주었다. 그러자 근엄한 표정을 지으며 이렇게 말했다.

"너 그러면 안 되는 거 알지? 이번에는 솔직히 잘못을 고백했으니 아빠가 용서해줄게. 그리고 아빠랑 같이 아저씨한테 가서 정중히 사과하고 오자"

사과하러 가자며 아이에게 준비하라고 말한 뒤 남편은 내게 다가

와 묘한 웃음을 지으면서 말했다.

"난 중학교 때 그랬는데, 준영인 너무 빠르다. 요새 아이들 다 빨리 가나? 준영이가 빠른가? 하여튼 그냥 지나가는 것이 없구만"

남편이 아이의 행동에 관대할 수 있었던 것은 자기 자신도 그런 경험이 있었기 때문이다. 나 역시 아이를 무조건 혼내지 않은 것이 참 다행이란 생각이 들었다. 마음 같아서는 심하게 혼내고 싶었지만 아이의 이야기와 변명을 차분히 들어주었기 때문에 아이가 더 솔직하게 모든 것을 털어 놓았던 것 같다. 이런 때는 아이의 진정성을 있는 그대로 받아주는 것이 좋다.

때로 아이가 먼저 자신의 잘못을 고백했는데도 야단치고 때리는 경우가 있다. 이런 것을 몇 번 경험하게 되면 아이는 부모를 믿지 않게 되어 더 이상 솔직하게 이야기하지 않는다.

준영이는 뭔가 잘못한 것이 있어 미리 고백해야 할 때면 "엄마 나 잘못한 거 있는데 혼내지 않을 거죠?"라고 먼저 물어 본다. 그럴 때면 빠져 나갈 구멍을 미리 마련하려는 아이가 얄밉기도 하지만, 그렇더라도 이야기하는 것이 더 중요하다는 생각에 일단 잘 들어주고 해결점을 찾으려고 노력한다.

단순히 혼을 내는 것보다는 다시는 그런 일이 벌어지지 않도록 하고, 만약 벌어졌을 때 잘 대처하는 것이 더 중요하기 때문이다.

그러려면 아이들은 부모한테만큼은 모든 것을 솔직하게 고백할 수
있어야 하고, 부모는 아이가 무슨 말을 하더라도 용서하고 받아들
일 마음의 자세를 갖고 있어야 한다. 아이를 키운다는 것은 그야말
로 끊임없는 마음 수련의 과정이다!

# 엄마 품에서 조금씩 떠나면서
# 아이는 독립성과 사회성을 배운다

부모들은 늘 자식 걱정을 한다. 자식이 성인이 되어 각자의 가정을 가진다고 해도 마찬가지다. 어디 아프지는 않는지, 하는 일은 잘 되는지 늘 마음을 쓴다. 결혼해서 몸은 이미 멀리 떠나갔건만 마음속에서는 여전히 떠나보내지 못하는 것이다. 하지만 부모는 어릴 때부터 자식을 떠나보내는 연습을 해야 한다. 언제까지 품 안에서 키울 수는 없기 때문이다.

큰아이가 태어났을 때 내게는 너무나 힘들게 얻은 소중한 아이였기 때문에 떠나보낼 준비를 해야 한다는 것이 너무나 어려웠다. 그러면서 내가 그토록 치를 떨었던 친정 어머니의 유별난 아들 사랑을 이해할 수 있었다. 딸만 둘 낳은 뒤 아들을 꼭 낳아야 한다는 부담감으로 힘들어하다가 아들을 얻었으니 그 아들이 얼마나 귀했겠는가?

본인의 한과 자식에 대한 사랑이 모두 엉켜있다는 사실을 몰랐던 어린 시절에는 남동생만 유난히 아끼는 어머니에게 서운한 점이 많았다. 그런데 내가 아이를 낳아 기르는 엄마가 되고 보니 어머니에 대한 이해의 폭이 넓어졌다. 여자의 일생에 대해 더 많이 이해하게 되었다고나 할까?

## 아이를 떠나보내는 연습을 방해하는 엄마의 불안감

나도 큰아이를 품 밖으로 떠나보내는 연습을 해야 했다. 언제까지나 아이 옆에 있어줄 수는 없기 때문이었다. 아이가 스스로 세상을 배워나가야 한다는 것을 받아들이기 시작하면서 어린이집을 알아보기 시작했다. 친구들과 노는 것을 좋아할 시점인 16개월쯤이었다.

일단 선생님이 늘 안정적으로 있는 곳을 찾았다. 아이들은 애착 대상이 자주 바뀌면 좋지 않기 때문에 오랫동안 선생님이 바뀌지 않고 돌봐줄 수 있으면서, 생활 공간이 깨끗하고, 아이를 보는 선생님에게는 다른 업무를 맡기지 않는 곳을 찾았다. 그러던 중 결혼해 이미 자녀들을 다 키운 선생님이 있는 곳을 알았다.

그 선생님은 아이들을 너무도 잘 다루고 예뻐했다. 습관이나 버릇도 잘 잡아주면서 아이들을 엄마처럼 보살펴주는 분이었다. 그런 선생님을 만나게 된 것이 준영이와 내겐 무척 고마운 일이었다. 그 어린이집을 다니면서 아이는 많이 어른스러워졌다.

처음에는 엄마와 떨어지기 싫어하면서 울던 아이는 차차 익숙해지면서 내 품을 떠나갔다. 오히려 우는 아이를 떼어놓을 때면 내가 더 힘들었다.

나와 떨어지면 당장 죽기라도 할 것처럼 발버둥치던 아이도 내가 가고 나면 금방 울음을 그친다고 했다. 그리고는 언제 엄마와 떨어지기 싫어 울었냐는 듯이 다른 아이들과 재미있게 논다고 했다. 엄마와 함께 있는 시간보다 엄마와 떨어져 있어야 하는 시간이 조금씩 많아진다는 것을 알게 되었기 때문일 것이다. 이런 과정을 통해 부모는 아이를 조금씩 품에서 떠나보내는 연습을 하게 된다.

어린이집에 잘 적응한 준영이는 친구 관계가 무척 좋아졌다. 이모 집에 가면 이종사촌들과도 잘 지냈으며 유치원에서 가서도 친구들을 곧잘 사귀었다. 그러자 엄마를 찾는 횟수가 점점 줄어들고 대신 친구들을 더 많이 찾았다. 엄마보다 친구가 더 좋아지는 시기가 되었던 것이다.

아이가 엄마보다 친구를 더 찾을 때면 '준영이가 내 품을 많이 떠났구나' 하는 생각이 절실히 들었다. 그러면서 '이제는 밖에 내보내

놓고 갖는 불안감을 이겨내는 연습을 할 차례구나' 하는 것을 느끼기 시작했다.

여동생은 내게 아이를 너무 밖에서만 놀도록 내버려둔다며 불안해했다. 나도 사실은 불안했다. 그러나 내가 불안해하며 아이를 믿어주지 못한다면 아이는 언제까지나 내 품 안에만 있어야 할 것이다. 그래서 불안한 마음을 누르고 아이에게 최소한의 지침만 주고는 밖에 나가서 놀게 한다. 그런 과정을 통해 독립적이고 사회성을 갖춘 아이로 성장할 것이라 믿기 때문이다.


큰아이를 품 밖으로 떠나보내는 연습을 많이 해서 그런지 둘째 아이는 훨씬 수월했다. 다만 둘째 아이는 큰아이와 성향이 달랐다. 어린이집에 갈 때는 엄마와 떨어지지 않으려고 심하게 울었지만, 친구들과 놀기 위해서는 엄마와 떨어지는 것을 두려워하지 않았다. 큰아이의 영향을 받아서인지 친구를 사귀고 함께 노는 것을 잘했다.

둘째 아이 역시 떠나보내는 연습을 해야 할 것이다. 아이를 품 안에서 떠나보낸 뒤 객관적으로 바라볼 수 있어야만 어떻게 하는 것이 아이의 참 행복을 위한 것인지 정확하게 찾을 수 있기 때문이다.

아이를 품 안에만 가두어 놓으려는 이기심이 발동하지 않도록 부모는 늘 노력해야 한다. 나 역시 그렇게 노력하는데도 문득문득 내

아이를 키운다는 것은
혼자 날아갈 수 있는 힘이 생기도록 도와주는 것입니다

가 원하는 아이가 되도록 하기 위해 품 안에 두고 조정하려 드는 내 모습을 발견하게 된다. 그럴 때면 또 다시 내가 원하는 것은 무엇인지, 아이가 원하는 것은 무엇인지, 누구의 인생인지 하는 질문들을 통해 내가 낳았지만 품 밖의 자식임을 되새기면서 다시 제자리를 찾아간다. 요즘 큰아이는 벌써 나를 자극하는 말을 한다.

"내 인생이지 엄마 인생이 아니잖아요?"

"내 몸이잖아요!"

# 나만의 장점을 최대로 활용하면 육아가 즐거워진다

신이 각각의 엄마에게 준 선물은 저마다 다르다. 어떤 엄마에게는 아이들과 잘 놀아주는 능력을 주었고, 어떤 엄마에게는 아이들을 잘 가르치는 능력을 주었다. 또 어떤 엄마에게는 멀리서 잘 지켜보고 기다려주는 능력을 주었다.

신이 내게 내려준 선물은 멀리서 아이를 잘 관찰하는 능력이다. 처음에는 '왜 나는 아이들과 노는 것이 이렇게 힘들까' 하고 낙담했다.

그러면서 아이와 몇 시간씩 재미있게 노는 엄마들을 보면 너무나 부러웠다. 그리고 그렇게 해주지 못해 아이에게 미안하기만 했다.

'넌 엄마가 재미있게 놀아주지 않아서 어떻게 하냐? 재미있는 엄마를 만났으면 좋았을 텐데' 하는 생각도 많이 했다.

그런데 아이와 재미있게 놀던 엄마들도 아이가 자라자 새로운 갈등을 겪기 시작했다. 어릴 때는 재미있게 같이 잘 놀았는데 아이가 크니까 대화가 되지 않는다고 어려움을 호소했다.

그제야 나는 저마다 장단점이 있다는 사실을 깨달았다. 그때부터 나는 내 능력에 맞게 즐겁게 두 아이를 키우기 시작했다. 그러자 더 이상 아이를 키우는 것이 힘들지 않았고 즐거운 일이 되었다.


큰아이가 비교적 일찍 어린이집에 가게 된 계기도 어찌 보면 내 능력의 한계를 빨리 알았기 때문이다. 난 아이가 어느 시점이 되면서부터 나와 함께 있는 것을 지루해하는 것을 느꼈다. 그러면서 이젠 나를 벗어날 때가 되었다는 것을 알고 어린이집을 알아보고 그곳에서 좋은 선생님을 통해 새로운 관계를 배워나가고, 새로운 친구들을 사귀게 했다. 만약 내가 아이에게 미안한 마음 때문에 굳이 데리고 있었다면 나도 아이도 지루하고 힘든 날들을 보내야 했을 것이다.

이처럼 나는 아이가 주변의 또래 아이들과 놀 수 있도록 환경을 만들어 주고 조금 떨어진 곳에서 지켜봐 주는 역할을 했다. 이것은 순전히 내가 아이와 잘 놀지 못하기 때문이었다.

## 자기만의 양육 방식을 찾아라

어느 부모나 겪는 일이겠지만 나 역시 두 아이를 키우면서 여러 가지 문제들을 겪었다. 그 때문에 부모교육 프로그램에도 참가하고, 이런저런 교육서도 많이 읽어 보았다.

그런데 경우에 따라서는 그런 것들이 도움이 되기도 하지만, 중요한 것은 이론이나 기법을 배운다고 그것이 온전히 내 것이 되거나 반드시 아이에게 적용 가능한 것은 아니라는 사실이었다. 그러므로 중요한 것은 부모가 얼마나 자기 주관을 가지고 아이를 양육하느냐 하는 것이다.


아이 교육에 대한 생각은 한 집에 사는 남편과도 다른 경우가 많다. 받은 교육이나 자라 온 가정환경과 경험한 것이 서로 다르기 때문이다.

나 역시 아이 교육에 있어서 남편의 생각과 무척 달랐다. 그러다 보니 그 차이를 인정하고 아이를 위해 무엇이 중요한지 서로 조율하는 과정이 필요했다. 남편과 나는 아이를 키우는데 있어 중요하게 생각하는 것이 무엇인지에 대해 의견이 다를 때마다 끊임없이 대화하고 합의해 가는 과정을 거쳤다.

그런 과정을 통해 우리는 무엇보다 중요한 것이 두 아이의 행복임을, 그리고 그 행복을 우리가 주는 것이 아니라 아이들이 스스로 찾아갈 수 있도록 해야 한다는 것에 생각을 같이했다.

큰아이가 처음 내게 왔을 때도 과연 이 아이의 좋은 부모가 될 수 있을까 하는 두려움이 많았고 지금도 순간순간 내가 과연 부모 노릇을 잘 하고 있는지 걱정을 한다.

그렇지만 나는 그 누구보다도 두 아이를 사랑한다. 그리고 내 욕심이나 이기심으로 아이들을 잘못 보지 않으려고 매일 노력한다. 그래서 나는 아이의 전문가는 엄마라고 생각한다. 아이를 바로 보려는 노력만 한다면 엄마야말로 그 누구보다도 아이에 대해 정확하게 알 수 있고, 바르게 지도할 수 있기 때문이다.

엄마들이여, 이제 좀 더 자신감을 갖고 아이를 마음껏 사랑하자. 사랑이 충만하고 노력하는 마음만 있다면 아이와 솔직한 대화를 통해 어떠한 어려움도 이겨낼 수 있기 때문이다. 조금 시간이 걸릴 수도 있겠지만 언젠가는 서로의 진심이 반드시 통하기 마련이다. 엄마는 세상에서 가장 훌륭한 선생님임을 잊지 말자.